本书由陕西师范大学出版基金资助出版

陕西师范大学国家重点学科建设项目

张懋镕　主编

中国古代青铜器整理与研究

青铜甗卷

孙妙华　著

科学出版社
北京

图书在版编目（CIP）数据

中国古代青铜器整理与研究．青铜瓿卷／张懋镕主编；孙妙华著．—北京：科学出版社，2019. 3
陕西师范大学国家重点学科建设项目
ISBN 978-7-03-055977-7

Ⅰ．①中…　Ⅱ．①张…②孙…　Ⅲ．①青铜器（考古）-研究-中国　Ⅳ．①K876. 414

中国版本图书馆CIP数据核字（2017）第312900号

责任编辑：李　茜　曹　伟／责任校对：邹慧卿
责任印制：肖　兴／封面设计：北京美光制版有限公司

科学出版社 出版
北京东黄城根北街16号
邮政编码：100717
http：//www.sciencep.com
中国科学院印刷厂 印刷
科学出版社发行　各地新华书店经销
*
2019年3月第　一　版　开本：787×1092　1/16
2019年3月第一次印刷　印张：10
字数：237 000

定价：158.00元

（如有印装质量问题，我社负责调换）

多卷本《中国古代青铜器整理与研究》编写缘起

经过十几年的准备工作，多卷本的《中国古代青铜器整理与研究》即将出版。回顾往事，真是百感交集。

30年前，我的处女作《释“东”及与“东”有关之字》发表，从那时候起，青铜器的学习与研究注定成为我一生的追求。

29年前，我开始师从李学勤先生研习古文字。中国古文字有很多分支，如甲骨文、金文、战国文字、简牍帛书文字。先生告诉我：“你在陕西，陕西有很多青铜器，你就做金文研究吧。”在先生的指导下，我受到严格的学术训练，这令我终身受益。我的硕士学位论文是《周原出土西周有铭青铜器综合研究》。所谓综合研究，就是从青铜器、古文字、历史文献三方面来研究。从此，综合研究成为我研究青铜器遵循的准则与方法。

1989年，西北大学文博学院成立新的专业——博物馆专业，大概考虑到我本科学的是考古，于是把我从文献专业调到博物馆专业。我除了继续讲古文字，又开了一门新课“青铜器鉴定”。自此之后，我开始系统研习青铜器，包括没有铭文的青铜器。

在长期的教学与研究工作中，我渐渐对中国古代青铜器有了新的认识。

概而言之，中国古代青铜器的研究，自两宋以来，已有一千多年的历史，取得了丰硕的成果。尤其是近百年来的研究，在青铜器的分期、分区系、分国别、分器类诸方面卓有成效，为世人所瞩目。

回顾历史，也毋庸讳言，我认为就青铜器基础性工作而言，其资料的整理还远远不够。且提一个最基本也是最简单的问题：迄今为止究竟有多少件中国古代青铜容器？几万还是十几万（尚且没有涉及兵器、工具、车马器、钱币、铜镜等），恐怕连一个非常粗略的估计都没有，专家也说不清楚。家底不清，研究对象模糊，研究很难继续深入。由于中国古代青铜器资料十分庞杂，其收集、整理并非易事，所以这一部分的工作非常重要。说到研究，比如青铜器的定名，鼎、鬲、簋等各类器物的分类研究，它们之间的相互关系，各类纹饰的分类研究，纹饰和器物之间的相互关系，各个阶段铭文的特点，器物、纹饰、铭文三者之间的互动关系以及对断代的作用等，其研究或不够系统，或不够深入，有些方面甚至是空白。

20多年来，我一直在进行这方面的研究工作，写了《西周方座簋研究》《两周青铜盨研究》《西周青铜器断代两系说刍议》《试论中国古代青铜器器类之间的关系》《试论青铜器自名现象的另类价值》等文章，希望从器类、断代、地域、定名等多个角度和层面对青铜器进行探索。

同时我也十分关注国内外青铜器研究专家的成果，他们的论著是我案头的必备书籍，我经常阅读，受益无穷。

在研究中，我深感个人力量的有限。从1999年招收青铜器方向研究生起，就逐渐形成了一个构想：如果研究生本人没有更好的研究题目，我就请他（她）来做青铜器中的某一部分，整理、研究某一类青铜器，或某一类纹饰，或某一时段的铭文，等等。经过十多年的积累，已经完成了20多篇硕士和博士学位论文。其中分器类的整理与研究完成多半，某一地区、某一时段的青铜器的整理与研究正在进行，纹饰与铭文的分类、分时段研究也做了一部分。这些为多卷本《中国古代青铜器整理与研究》的编撰奠定了基础。同时，我注意到其他先生也在指导研究生做类似的学位论文，对我们也很有启发与帮助。

前几年，在编写《青铜器论文索引》的过程中，我与线装书局的刘聪建先生多有接触。他听了我的上述介绍后，很感兴趣，遂与我商定，在原有研究生学位论文的基础上，由我主编，各专题作者分别著述，形成一套多卷本《中国古代青铜器整理与研究》。但由于种种原因，在线装书局只出了三卷。如今，在科学出版社的大力支持下，计划得以重新实现，拟在今后的若干年里，陆续完成和出版20卷以上的著作。

写作多卷本《中国古代青铜器整理与研究》的目的拟在全面、系统整理青铜器资料，充分吸取古今中外研究成果的基础上，对青铜器的形制、纹饰、铭文、组合关系等方面做全方位考察和研究，并试图总结出关于中国古代青铜器产生、发展、消亡的基本途径、规律、特点及其原因。这是一个遥远的目标，但我们有信心一步一步地走近它。

由于这套多卷本《中国古代青铜器整理与研究》的作者都是毕业不久的研究生，眼界有限、文字青涩在所难免。我的指导也很有限，很多问题我也不懂或知之甚少。当时作学位论文时，我希望他们放大胆子去写，因此他们的观点与我也不尽一致。但无论如何，在阅读他们的学位论文时，在与他们的反复讨论、交流中，我也有很多收获，这是最令人快乐的事情。我将阅读后的感想写出来，作为序言放在书前，就是希望继续与大家讨论，将《中国古代青铜器的整理与研究》延续下去。而随着一本本书稿的出版，这一批年轻的作者也正在走向成熟，这或许是比书稿的出版更有意义的事情。

最后，要感谢参加我的研究生学位论文答辩以及审阅论文的诸位先生，并希望今后继续得到你们的批评与帮助。感谢陕西师范大学暨历史文化学院给予的大力支持，感谢科学出版社李茜与曹伟两位编辑的辛勤工作，让我们十几年来的梦想终于得以实现。

乙未年立冬后二日张懋镕写于

陕西师范大学中国青铜文化研究中心

青铜瓿琐谈（代序）

张懋镕

在商周青铜器中，青铜瓿是很重要的一类器物，但因其数量不多，流行时间较短，并未引起足够的重视。如今，孙妙华的书稿《中国古代青铜器整理与研究·青铜瓿卷》（以下简称《青铜瓿卷》）[①]杀青出版，对青铜瓿做了比较系统的整理与研究，无疑是一件有意义的工作。我也想在这里谈一点看法，探讨青铜瓿的有关问题。

一、瓿与罍的区分

关于青铜器的器类研究，首要问题是定名，如果定名有误，即研究的对象和范围发生差错，其他问题的研究就不免一错再错。去年，在为《青铜罍卷》所作代序《再论青铜器组合关系定名法——以尊、罍、瓿的区分为例》[②]中，我谈到瓿与罍的区分。认为二里冈期和殷墟一期的小口、无耳、折肩、深腹、高体的盛酒器不是瓿而是罍（图0-1）。

图0-1　白家庄M2：1罍

文中主要谈到在同一墓葬中瓿与罍的区分。举安阳小屯M232出土的两件大型盛酒器的定名例子：其中R2057形态低矮，颈部极短，圆肩，腹部硕大，是为瓿（图0-2）；R2056形体较高，颈部较长，折肩，腹部较深，与瓿差别很大，是为罍[③]（图0-3）。

---

① 孙妙华：《中国古代青铜器整理与研究·青铜瓿卷》，科学出版社，2019年。本文凡引述该书的观点，不再一一注明。

② 张懋镕：《再论青铜器组合关系定名法——以尊、罍、瓿的区分为例（代序）》，《中国古代青铜器整理与研究·青铜罍卷》，科学出版社，2016年。

③ 石璋如：《小屯》第一本《遗址的发现与发掘·丙编·殷墟墓葬之三——南组墓葬附北组墓补遗》，“中央研究院”历史语言研究所，1973年。

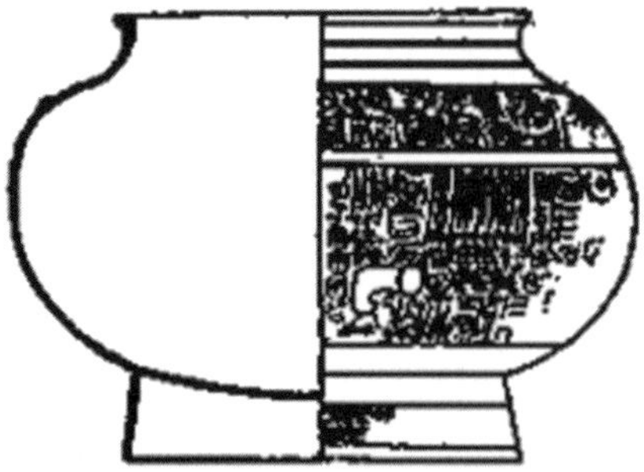

图0-2　小屯M232：R2057瓿

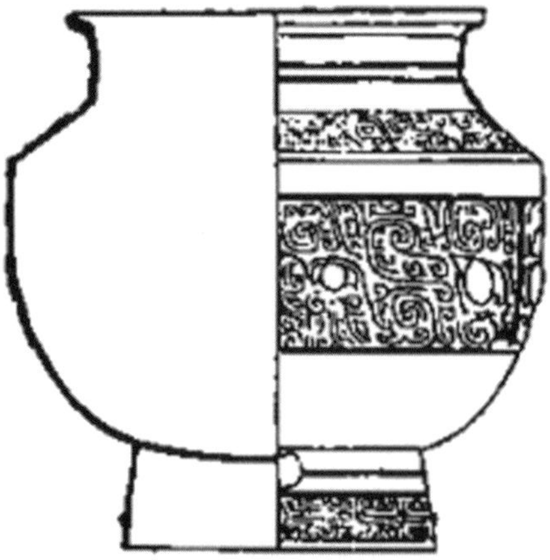

图0-3　小屯M232：R2056罍

与M232相近的例子是M388，也出土两件大型盛酒器，R2062形态低矮，圆肩，腹部硕大，是为瓿（图0-4）；R2061形体较高，口不大，颈部与肩部分界不明显，腹部较深，与瓿差别很大，是为罍[①]（图0-5）。

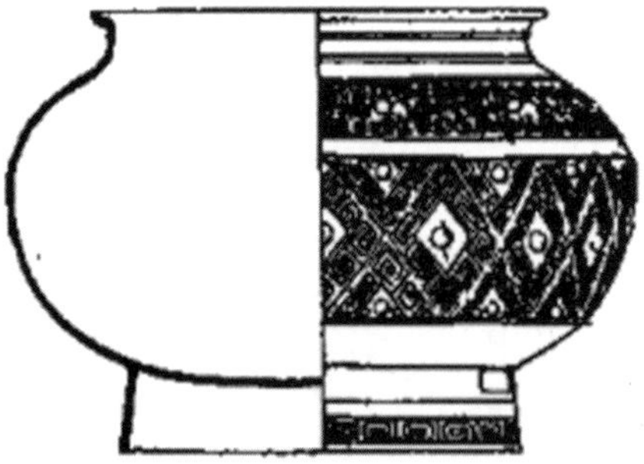

图0-4　小屯M388：R2062瓿

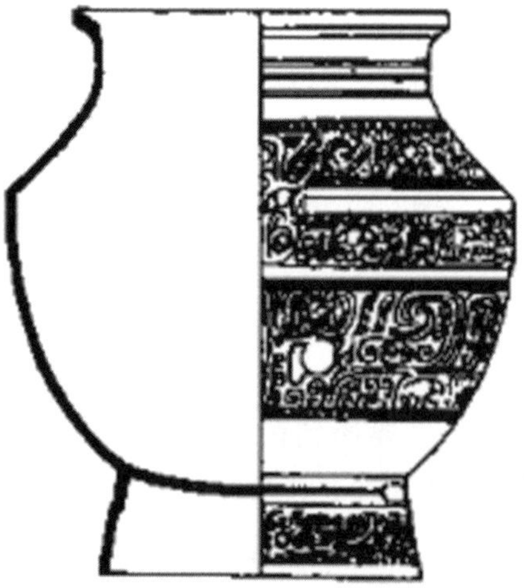

图0-5　小屯M388：R2061罍

北京平谷刘家河商墓出土两件形体较大的盛酒器[②]（图0-6），简报认为形体高者为罍，矮者为瓿，应该是正确的判断。相比之下，这件罍形体不高，单独来看，容易

① 石璋如：《小屯》第一本《遗址的发现与发掘 · 丙编 · 殷墟墓葬之五——丙区墓葬上》，“中央研究院”历史语言研究所，1980年。

② 北京市文物管理处：《北京市平谷县发现商代墓葬》，《文物》1977年第11期，2页，图版叁：1，图版肆：4。

造成误判。当然与瓿相比之后，还是比较清楚的。罍的颈部长而瓿的颈部短，罍的形体高而瓿低矮，罍是折肩而瓿是圆肩。

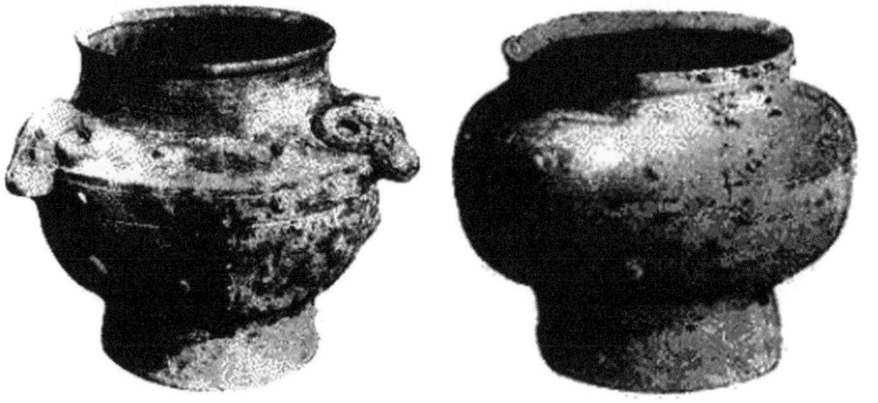

图0-6 刘家河商墓罍、瓿

综上所述，我以为从同墓出土物的相互关系，可以比较清楚地看出瓿与罍的区分。

在《青铜瓿卷》里，孙妙华将以上所列的小口、无耳、折肩、深腹、高体的盛酒器归入青铜瓿的A型，即我们所认为的青铜罍，所以关于何者为瓿何者为罍的问题还有进一步讨论的必要。

关于文物的定名原则，学术界一般认为有三条：①有自名的器物要依自名定名。②宋代学者依据史籍著录做出的命名。③既无自名，又缺乏史籍著录者，可根据其造型、用途予以定名。青铜瓿并无自名，那就看看宋代学者是如何依据史籍著录来为青铜瓿命名的。

瓿的主要的解释来自《说文解字·瓦部》：“瓿，甂也。”为什么要用甂来比方瓿呢？这是因为二者很相似，只是因地域不同而称呼相异，如《方言》所说：“甂……自关而西谓之甂。”那么甂又是怎样的器物呢？《说文解字》曰：“甂，似小瓿，大口而卑，用食。”《玉篇》也说到甂是“小盆，大口而卑也”。是说甂比瓿小，但形制一样，“大口而卑”。盆的特点也是“大口而卑”。这四个字非常重要，说明瓿有两个显著特点，一是器口比较大，二是器身比较低矮。

且看宋代学者的认识。吕大临《考古图》所载孔文父饮鼎（卷一，十七），定其名主要依据所谓铭文，而看图像则与鼎有天壤之别。虽然吕大临也认为其形制“乃类尊壶之属”，但仍然归为鼎属。在“彝”类器中，则包含提梁壶、卣、方鼎、觚、簋、盉、甗、尊等器类（卷四，一—四十），往往将壶、卣、尊、罍混淆。可见在那个初创阶段，判断失误之处很多，张冠李戴在所难免。但即便如此，在关于瓿的定名上却显得很成熟。值得注意的是，《考古图》明确定为瓿的两件器物，其中一件是龙纹瓿（卷五，二七）。吕大临引《说文》云："瓿，甂也，大口而卑，用食。"吕氏疑为瓿器，姑以瓿名之。从图像来看，与现今学术界公认的青铜瓿很接近。可见，吕大临并没有将瓿与上述壶、卣、尊、罍混淆在一起，因为他意识到瓿的特征是"大口而卑"，而壶、卣、尊、罍的共同特征是"小口而高"，两大类器之间有明显的差别。《考古图》所定的唯一一件罍器（卷四，六一），恰恰是本文开头所说的小口、折肩、深腹、高体的酒器。《博古图》也将这种形制的器物归为罍属，如周麟凤百乳罍（卷七，二八）、周饕餮罍（卷八，三十）。《博古图》卷二十所收的8件瓿中，有6件都属于现今学术界公认的青铜瓿，而且这8件器物基本符合"大口而卑"的形制特征。显然，早在一千年前，北宋的金石学家已经基本上将罍与瓿区分开来了。判断为瓿的主要条件就是"大口而卑"。

直到现在，大部分论著仍然用"大口而卑"的标准去划定瓿的范围。譬如代表性的著作《中国青铜器综论》（以下简称《综论》），在第三章第8小节瓿的介绍里，所列的6张瓿的图片，毫无例外都是"大口而卑"的器物①。

至此，我们总结一下瓿的特点，或者说是瓿与罍的区分。

第一，瓿低矮而罍高瘦，具体表现在瓿的颈部短而罍的颈部长，瓿的腹部浅而罍的腹部深，瓿的圈足矮而罍的圈足高。

第二，瓿的腹部圆鼓，最大径通常在腹的中线上下；罍的最大径通常在肩与腹交界处，自此腹部向下内收。

第三，瓿多为圆肩，折肩瓿很少；罍多为折肩，圆肩少。

第四，在罍上常见的垂叶纹、涡纹不见于瓿上。原因在于瓿的腹部较浅，没有足够的空间装饰修长的垂叶纹；瓿肩部的坡度不够，难以装饰涡纹。

第五，从功能上讲，罍是酒器，但据《仪礼 · 少牢馈食礼》所言"司宫设罍水于洗东，有枓"来看，罍也可以是盛水器，而瓿则仅仅是盛酒器。

二、瓿的来源

关于瓿的来源，由于《青铜瓿卷》将我们认为的小口折肩罍归入瓿类，所以得出瓿来自小口折肩的陶瓿（即我们定义的陶罍）。当我们将小口折肩罍从瓿中剔出后，就需要重新讨论瓿的来源问题。

20世纪70～80年代，陕西省城固县和洋县出土不少酒器，其中有瓿也有罍，各家对于它们的区分存在不同意见。譬如1964年城固五郎乡五郎庙村出土的雷纹罍（图

① 朱凤瀚：《中国青铜器综论》，上海古籍出版社，2009年，218～221页。

0-7），曹玮和赵丛苍先生均定为瓿[①]，朱凤瀚先生定为罍[②]。诸家意见分歧，缘于这件罍的形制确实有点特别。它的颈部比一般的瓿稍长，但比罍要短；腹部比较浅，则又近于瓿；但圈足较高，又不同于一般的瓿；它介于罍与瓿之间。

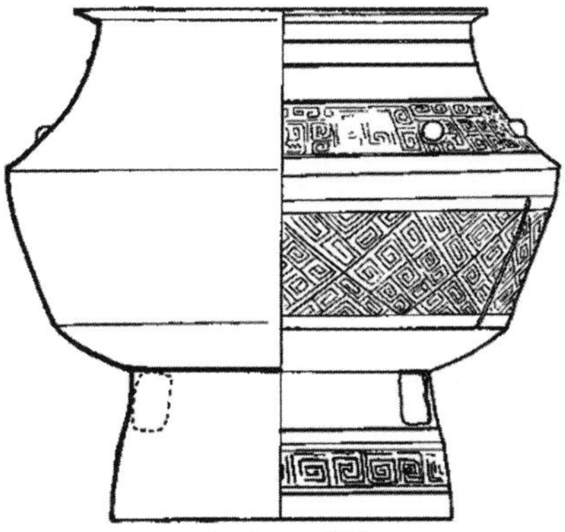

图0-7 五郎庙村出土的雷纹罍

曹玮先生将其定在商代中期是正确的。在殷墟之前，瓿还没有产生，只有罍。此时的罍形式多样，尚没有形成较为稳定的形态。既有高体的罍，如前所述的那些罍，也有像五郎庙村雷纹罍这样的矮体罍。很可能后来出现的瓿是由这种矮体罍发展起来的（下详）。

十年前，我们著文《试论中国古代青铜器器类之间的关系》时就指出："罍先出而瓿后出，瓿消失后，罍仍然行用，其发展态势和簋与盨、豆与铺、爵与角相仿，二者之间可以称为派生关系，即瓿是由罍派生出来的一类酒类。"[③]

我们不妨来论证一下。殷墟二期之后，瓿与罍的区分越来越明显，而在殷墟二期之前，瓿与罍比较接近，有时候很难区分，其实原因也很简单，即二者有派生关系。

（1）瓿作为被派生物，它的产生有一定的规则，即只能从功能、用途相同或相近的派生物譬如罍中衍生出来。而且被派生物产生的时间一定晚于派生物。罍在商代早期已经出现，而瓿要晚到殷墟一期。

（2）作为派生物，都备具如下条件：流行时间长，流行地区广，在青铜器组合中起核心或重要作用。而被派生物则流行时间较短，流行地区有限，都不是墓葬铜器组合中的常见物。譬如罍从商代早期出现，一直流行到战国时期。瓿只流行于商代晚期。

① 曹玮：《汉中出土商代青铜器·2》，巴蜀书社，2006年，148、149页；赵丛苍：《城洋青铜器》，科学出版社，2006年，46页。

② 朱凤瀚：《中国青铜器综论》，上海古籍出版社，2009年，1151页。

③ 张懋镕：《试论中国古代青铜器器类之间的关系》，《古文字与青铜器论集》第二辑，科学出版社，2006年，135页。

（3）被派生物的作用在于提升饪食器或酒器在墓葬青铜器组合中的地位。瓿也具有这样的功能。它们往往出土于中型以上的墓葬中，显示墓主人等级身份之高。所以被派生器物的出现，标志着礼器系统的日益复杂，礼制的日益完善。

（4）被派生物总是与派生物在诸多方面有千丝万缕的联系。所以容庚先生在《殷周青铜器通论》中将瓿归入罍中，称为扁体罍，是有一定道理的①。朱凤瀚先生将瓿另立一类，但也多次强调瓿与罍之间的密切关系②。

当然，以上所论有推测成分，还有待以后检验和证明。

三、区分的意义

区分瓿与罍对考古工作有实际意义。下面举例说明。

1. 陕西城固、洋县出土瓿与罍的区分

城固县莲花办事处杜家槽出土的一件兽面纹瓿（图0-8），曹玮和赵丛苍先生定为瓿③，朱凤瀚先生定为罍④。这件兽面纹瓿与上述五郎庙村出土的雷纹罍有相似之处，譬如颈部稍长，且都是折肩。但细看还是有区别的，毕竟这件兽面纹瓿的颈部要短一些，腹部要深一些，圈足要低矮一些，与其他青铜瓿更接近。再说这两件器也不属于同一个时代。所以这件器物应该是瓿而不是罍。

图0-8　杜家槽出土兽面纹瓿

① 容庚：《殷周青铜器通论》，文物出版社，1984年，56页。

② 朱凤瀚：《中国青铜器综论》，上海古籍出版社，2009年，208、209页。

③ 曹玮：《汉中出土商代青铜器 · 2》，巴蜀书社，2006年，150、151页；赵丛苍：《城洋青铜器》，科学出版社，2006年，57、58页。《城洋青铜器》将出土时间和地点标为1965年城固五郎庙。

④ 朱凤瀚：《中国青铜器综论》，上海古籍出版社，2009年，1151页。

2. 四川广汉三星堆出土瓿与罍的区分

三星堆一号坑出土的瓿（K1：130），大口，硕腹，矮圈足，与中原的瓿很接近，称其为瓿应该没有问题，有关的大型图册即如此冠名①，但最初的发掘简报则称其为罍②，可见看法并不一致。二号坑出土的罍有两种类型：一种是腹深但圈足低，如K2②：70罍和K2②：88罍；一种是腹稍浅而圈足高，如K2②：159罍③。而共同特点是形体高大，颈部较长，且为折肩。将这两种罍与同出的瓿相比较，差别很明显，可见它们是不能被称为瓿的，发掘报告称其为罍是正确的。将三星堆出土罍与城固五郎庙村出土的雷纹罍相比较，除了腹部深浅不同，其他方面很相似，从而为证明后者是罍提供了依据。

3. 江西新干大洋洲出土瓿与罍的区分

出土瓿和罍各一件。XDM：41瓿的器口很大，颈部较短，圆肩，素面，唯一不同的是没有圈足。《新干商代大墓》作者将其定为瓿是正确的。另一件罍（XDM：44）体型高大，颈部较长，折肩，下腹收缩，与瓿差别很大，《新干商代大墓》定为罍是正确的④。这两种器形态相去甚远，如何能归为同一类器，由此可见将这件大洋洲罍看作瓿，恐怕难以解释。大洋洲的罍与广汉三星堆的浅腹罍很接近。这也有利于证明，大洋洲的罍尽管腹部稍浅，但还是与瓿有很大差别的。

以上三个地区有共同特点，都处在中国秦岭—淮河一线的南部，在文化上有相似之处。如果分别来看三个地区的罍和瓿，可能不那么容易区分，但是综观三个地区的罍，就会发现它们彼此很接近，从而避免将其中一个地区的罍误认作瓿，将另一地区的瓿误认作罍。

四、青铜瓿的年代

《青铜瓿卷》统计瓿出土数量为66件，传世数量为96件，共计162件。按照我们所推定的青铜瓿，出土数量为53件，传世数量为78件，总计131件。其中以圆肩瓿为主，

---

① 四川省文物考古研究所：《三星堆祭祀坑》，文物出版社，1999年，40页。

② 四川省文物管理委员会等：《广汉三星堆遗址一号祭祀坑发掘简报》，《文物》1987年第10期，5页。

③ 四川省文物管理委员会等：《广汉三星堆遗址二号祭祀坑发掘简报》，《文物》1989年第5期，9、10页；四川省文物考古研究所：《三星堆祭祀坑》，文物出版社，1999年，253～255页。

④ 江西省博物馆等：《新干商代大墓》，文物出版社，1997年，73页。

只有少量的折肩瓿[①]。

按照《青铜瓿卷》的说法，年代最早的一件瓿是1992年湖北省黄州下窑嘴出土的兽面纹瓿，在二里冈上层时期，也是唯一一件殷墟一期以前的青铜瓿。由于我们将这种小口、折肩、深腹、高体的盛酒器从瓿中剔出，故而我们认为青铜瓿的上限没有早到二里冈上层时期。前述城固五郎庙村出土的雷纹瓿，或称雷纹罍，很可能是瓿的早期形态。当然还需要论证。《综论》也认为瓿是殷墟一期新出现的器类[②]。《青铜瓿卷》将1991年陕西泾阳高家堡戈国墓地M4出土的所谓叉瓿（M4.8）归入瓿类，这是袭用《高家堡戈国墓》的说法[③]。我们认为该器颈部较长，折肩，腹部很深，整体较高，应称为罍，而不是瓿，《综论》也认为是罍[④]。一般将叉罍定在西周早期，如今将其剔除出瓿属，至少意味着中原地区瓿的下限没有进入西周，换言之，瓿只是在商代晚期行用。还可以从铭文方面做研究。《青铜瓿卷》收集有铭文的瓿24件，《商周青铜器铭文暨图像集成》收集有铭文的瓿23件[⑤]，剔除上文所说叉罍、叔龜罍（此器颈部较长，且为折肩，应为罍），实得21件瓿。从器形、纹饰和文字来看，年代都属于商代晚期。总之，青铜瓿的年代从殷墟一期至四期，西周早期就不见了，很明确是殷商文化的产物。

五、瓿的衰亡

青铜瓿初现于殷墟一期，殷墟四期以后不见踪影，即青铜瓿流行于殷墟时期。此时正是商代青铜酒器兴盛的时期，所以说青铜瓿是商代“重酒”文化的产物。在商代青铜酒器中，青铜瓿行用时间较短。其原因是多方面的。

首先，可能与它型式缺少变化有关。青铜瓿自始至终保持一个稳定的状态：大口、短颈、硕腹、矮圈足，只有极个别瓿上有耳。反观青铜罍，型式多样，有方罍，有圆罍；有圈足的，也有无圈足的；尤其是双耳及盖纽的变化更是令人眼花缭乱。当然，反过来说，瓿的型式缺少变化与行用时间短有一定的关系。这可能是导致瓿衰亡的一个因素。

---

① 《青铜瓿卷》附表2中编号为1、2、3、7、8、9、10、11、43、44、45、50、63者共13件，附表3中编号为1、2、3、4、5、6、7、26、32、34、35、43、44、46、51、66、71、83者共18件不属于我们认定的青铜瓿。需要说明的是，有些传世器的图像摹绘不清，角度不统一，影响识别。有个别器物缺乏图像，也不予收录。

② 朱凤瀚：《中国青铜器综论》，上海古籍出版社，2009年，945页。

③ 陕西省考古研究所：《高家堡戈国墓》，三秦出版社，1995年，78页。

④ 朱凤瀚：《中国青铜器综论》，上海古籍出版社，2009年，1235页。

⑤ 吴镇烽：《商周青铜器铭文暨图像集成》，上海古籍出版社，2012年。

其次，瓿的行用地域有限。出土最多的地点是安阳，共16件，占出土总量50件的32%，接近三分之一。结合殷墟出土瓿的年代分析，安阳可能是青铜瓿的策源地和最重要的行用地点。安阳之外，瓿在河南的其他地方很少出土，只见于郑州与灵宝，各出1件。瓿从安阳出发，开始影响周边地区。从出土瓿的数量来看，受到影响的区域主要有四处。一是向东北影响河北和辽宁。藁城出土2件、平谷1件，这里是商人的老家，自然数量不会少。喀左出土2件。总共5件。二是向西北影响陕东北和晋西北地区。陕东北的子洲出土1件、清涧2件、延川2件、绥德1件，晋西北的石楼1件、吕梁1件、忻县1件、保德2件，总共11件。三是向西南影响陕西南部和四川。洋县出土5件、城固2件、广汉1件，总共8件。四是向南影响长江中下游地区。湖北安陆出土1件，江西南昌出土1件、新干1件，湖南宁乡出土2件、新邵1件，江苏丹阳出土1件，总共7件。我们注意到，与同时期的罍相比，一个明显的现象是海岱地区没有出瓿，其他如安徽、山西中南部地区没有出瓿。陕西中部地区只有岐山出了一件瓿。即便就安阳来说，出土青铜罍的数量也至少有26件，大大超过瓿的数量①。

最后，在墓葬青铜器组合关系中的角色。在商代晚期的墓葬青铜器的组合中，核心器物是觚、爵、斝，在4平方米以下的小墓中会出一件瓿，在4平方米以上的中型墓中会出一件或两件瓿。出土瓿最多的墓葬是殷墟妇好墓，出了3件瓿。这说明瓿的多寡有助于显示墓主人的身份地位。但是，出土瓿的墓葬并不多，什么等级的墓葬出土多少瓿没有严格的规定，这说明，瓿多半没有进入核心组合中。尊和卣形成一尊一卣或一尊二卣的稳定组合，但瓿没有，所以瓿不久就衰落了。

六、瓿的艺术装饰

青铜瓿可能是在艺术装饰方面最难讨巧的器类了。

瓿在形制上很一般。上边是短短的颈部，底下是短短的圈足，中间是浑圆硕大的器身，像一只大南瓜，很难引起艺术的遐想。有些器类有三足，譬如鼎，鼎腹就像一只盘，三条长长的鼎足托举着它，产生一种向上提举的力量，三足之间留出足够的空间，从而给人一种稳定、开朗、敞亮的美感。譬如爵，三足外撇，托举着比较修长的杯体及上扬的流与尾，所以颇为艺术家青睐。有些三足器三足的长度大于腹的深度，且略向外撇，给人优雅、舒心的感觉。如今选美，都要求腿长，就是这个道理。相当一部分三足器的腹部与通高的比例符合黄金分割原理，或者称之为三分法。另外绝大部分瓿没有器耳。圈足簋有两种，一种无耳，一种有耳。有耳的圈足簋靠耳的变化（如四耳，耳下有珥）来增加簋的美感。无耳的圈足簋有口沿，靠口沿的变化来美化

---

① 王宏：《中国古代青铜器整理与研究·青铜罍卷》，科学出版社，2016年，附表1“出土商周青铜罍资料统计表”。

自己。瓿凭什么来吸引欣赏者的目光?

第一，凭体量。青铜瓿的尺寸一般来说比较大。从《青铜瓿卷》附表2统计资料可知，出土的青铜瓿大部分通高在20厘米以上，超过一半腹径在30厘米以上。体量大者如1976年安阳殷墟出土的两件妇好瓿（M5：830、M5：796）（《商周》13960、13961），通高分别为34.2、33厘米，重量分别为14.3、13千克。同出一件没有铭文的瓿，通高47.6厘米，重28.2千克。2001年宁乡黄材出土的兽面纹瓿，高62.5厘米，重61.9千克。1959年宁乡寨子山出土的兽面纹瓿，通高42.5厘米。传世器中也有体量硕大者，如日本藤田美术馆所藏兽面纹瓿，通高57.2厘米，根津美术馆所藏亚疑瓿，通高62.4厘米。如同魁梧的人，无论相貌如何，都给人印象深刻，具有震慑力。

第二，凭装饰。为了弥补形制的不足，设计者于是在装饰方面下功夫，从颈部到圈足，装饰各种花纹。通常颈部装饰弦纹，肩部、圈足装饰夔纹，腹部装饰大兽面纹。青铜瓿共有131件，除去没有器形图片的5件（附表2中两件没有图像，附表3中3件没有图像），有图像的有126件，其中满花或接近满花的瓿有113件（出土物中有7件素面或仅饰弦纹者，传世器中只有1件素面者），占89.68%，这个比例是相当高的。有部分瓿装饰有扉棱，还有一些瓿在肩部装饰兽头，有助于改变平庸的器表。

以上所论多有推测的成分，希望得到大家的批评指正。

附注：本文系国家社科基金项目“夏商周青铜礼器的兴衰及其原因”（立项号：15BKG007）的阶段性研究成果。

目　录

第一章　绪　　论

青铜瓿是商周时期青铜礼器中重要的盛酒器之一，最早出现于商代二里冈上层时期，流行于商代中晚期，在商代晚期趋于消亡，传世及发掘所见数量共有162件，在商代青铜礼器中占有比较重要的地位。它的分布范围比较广泛，从截至目前的发掘资料来看，是以河南郑州、安阳为中心，北到河北、辽宁，西至巴蜀，南至湖南、江西，东至江苏，形成了一个具有浓郁商文化因素氛围的地理范围。

虽然涉及青铜瓿的研究自北宋就已开始，但是由于研究目的不同，以往学者往往只侧重于青铜瓿某个方面的探究，很少有人进行系统性的论述。本书拟在前人研究成果的基础之上，运用考古类型学、统计学、文化因素分析方法及二重证据法等研究方法，对青铜瓿的定名与功用，型式分类，分期断代，墓葬器物组合，地域特征，与折肩无耳罍、广肩大口尊的关系以及起源与消亡等方面的问题做以探讨。

全书共有十章。

第一章，绪论。对以往的研究史做了回顾，并且提出了青铜瓿研究的目的与意义。

第二章，青铜瓿的定名与功用。根据有专名的青铜瓿的形制推导出了青铜瓿的标准形制，且依据文献记载与出土材料，证明了青铜瓿在商代既可以作为食器也可以作为酒器。

第三章，青铜瓿的类型学分析。主要以科学发掘出土的青铜瓿为分析对象，运用类型学原理对其进行型式划分，以期更清楚地掌握青铜瓿的形制。

第四章，青铜瓿的分期断代与演变特征。在类型学分析和纹饰分析的基础上对青铜瓿进行分期断代，按照青铜瓿的演变特征，将青铜瓿的发展总共分为三期，对每期的特点、演变规律、流行地域等问题进行了归纳总结，大致厘清了青铜瓿的发展脉络。

第五章，青铜瓿的纹饰分析。结合目前对于商代青铜器纹饰的研究现状以及成果，对青铜瓿的纹饰按照时代早晚进行分析与总结，对青铜瓿的纹饰艺术及布局做了相关说明与探讨。

第六章，青铜瓿的墓葬组合分析。以科学发掘且未经盗扰或虽经轻微扰动但器物组合仍然完整的墓葬为研究对象，依据墓葬面积将其划分为大、中、小三个层次，通过考察各类墓葬中随葬青铜瓿的数量、与其他器类的组合关系以及和墓主人的位置关系等，从而了解使用者的地位等级以及青铜瓿在其中的作用等问题。

第七章，青铜瓿的分布状况及区域特征。按照青铜瓿的地域分布范围，将全国划分为七个文化区，北方地区和中原地区的文化特征比较接近，而南方地区青铜瓿的地方性特征更为明显，将边远文化区的青铜瓿的文化特色和中原文化区进行比较，我们认为中原地区和边远地区的文化交流是相互的而不是单向被动接受。

第八章，有铭青铜瓿的整理与分析。这一类有铭文的青铜瓿除了殷墟西区M355、小屯M5以及陕西岐山贺家村M1出土的庚瓿之外，皆为传世品，通过对青铜瓿铭文（主要是族徽）的分析（这些有铭青铜瓿属于哪些族属，这些族属的级别规格、器物主人的身份地位），使对瓿的研究更加深入。

第九章，青铜瓿的起源与消亡。关于青铜瓿的起源问题，在郑州铭功路西侧制陶遗址中有所体现，在其发现的二里冈上层时期的敞口折肩陶瓿（C11T109②：17[①]，原报道称罍）形制竟然和郑州白家庄M2：1非常相似，而和C11M131：2陶尊器形相去甚远，因而可以作为青铜瓿的器形渊源。

第十章，结语。

第一节　研究缘起及研究方法

一、研究缘起

青铜瓿作为商代青铜器中的酒器之一，虽然流行时间很短，但分布范围比较广，并在不同区域呈现出不同的文化风格，因此在商周青铜器群中占有重要的地位。笔者写作本书的原因如下。

第一，在许多青铜器论著中，以往学者对青铜瓿有所研究涉及，但专门对瓿进行深层次挖掘和探究的很少，本书拟在前人研究基础之上对瓿进行全面系统的整理与分析。

第二，青铜瓿研究工作始于我国宋代考古学金石学。当时他们研究的目的只是“诵其言、观其形，形容仿佛以追三代之遗风”[②]。研究的主要内容即为铭文的考释，而对于器物的形制、纹饰以及文化因素方面的探讨甚为欠缺。到了明清之际，关于青铜器的著录研究水平有所提高，但是限于资料掌握的不足以及认识水平等客观因素，使得在器类的界定方面仍然存在问题，定名不准、附会文献的问题依然存在。

第三，瓿在器形上与罍有相似性，对于罍和瓿的关系认识现在仍存分歧意见。无

① 河南省文物考古研究所：《郑州商城》（中），文物出版社，2001年，755页。

② （宋）吕大临：《考古图·序》，清乾隆四十六年四库全书文渊阁书录钱曾影钞宋刻本影印。

论以前的研究还是现今的论述，仍然将二者混淆的不在少数。另外高体瓿和广肩大口尊的关系仍然有待分析清楚。

二、研究方法

（一）收集资料

笔者收集的青铜瓿资料截至2016年12月，仅参考2016年之后的相关论著。对青铜瓿整理与研究起到帮助的索引主要有三大类：第一类，青铜器专门索引，有孙稚雏《青铜器论文索引》，张懋镕、张仲立《青铜器论文索引（1983—2001）》，张懋镕主编《青铜器论文索引（2002—2006）》等几种；第二类，考古的论文索引，有《中国考古学文献目录（1949—1966）》《中国考古学文献目录（1971—1982）》《中国考古学文献目录（1983—1990）》等书，除此之外，还参看了各年《中国考古学年鉴》中该年度的发掘及论文目录；第三类，主要是利用中国知网论文的搜索引擎。传世青铜瓿的收集，主要借助赵宋以来的金文著录，以宋、清两朝为大宗。晚清至中华人民共和国之间，经历民国时期，有关文博、金石、铜器等著作不断涌现，我们将此类著作中的青铜瓿，未有严格明确说明是考古发掘的都视为传世品。

（二）研究方法

本书采取考古类型学对瓿进行型式划分，目的在于理清青铜瓿的发展演变脉络；运用比较方法对形制方面类似于青铜瓿的其他器形进行比较区分，目的在于明确清晰地对学术界分类较模糊、有争议的折肩无耳罍和广肩大口尊进行区分；运用文化因素分析法对各个地区出土的青铜瓿进行分析比较，揭示不同区域间青铜瓿的地域特征，总结出中原青铜瓿、受中原文化影响的地方型青铜瓿和地方特色的青铜瓿之间的关系，从而了解商周时期各个地区间的文化交流情况；运用统计法、列图表法对商代青铜瓿的数量、出土地区分布状况、墓葬面积等方面进行记录、分析和比较，从而探讨青铜瓿的地位、等级以及使用者的族属等问题。

第二节　青铜瓿研究史及研究现状

一、历代及海外对青铜瓿的著录与研究

（一）宋代对青铜瓿的著录与研究

1. 吕大临与《考古图》

吕大临在《考古图》卷五中首次著录了“龙纹瓿”和“兽环细纹瓿”两器。前者“高五寸有半（约17.38厘米）[①]，深四寸八分（约15.17厘米），径五寸二分（约16.43厘米），可容六升有半”（图1-1，1）[②]。后者“高九寸（约28.44厘米），深八寸（约25.28厘米），径三寸七分（11.69厘米），容斗有一升”（图1-1，2）[③]。虽然《考古图》中线绘的器物与实际相差较大，但基本特征还是能大致勾勒出来的。“龙纹瓿”和“兽环细纹瓿”虽都是圆肩、鼓腹、矮圈足，但区别非常明显。从口径与腹部的比例来看，前者直口微敞，口径较大。后者为弇口，口径较小。两器均饰有铺首衔环，这种装饰风格可能来源于商周时期缀有铜环的兽首耳鋬。铺首衔环出现的年代很晚，主要流行于秦汉时期。通过分析，我们认为吕大临命名为瓿的这两件铜器与目前所称商周时期的“青铜瓿”完全不同。不仅如此，“龙纹瓿”和“兽环细纹瓿”也应该是两件形制完全不同的器物。

吕大临命名为“瓿”的依据源自《说文解字·瓦部》几个内容相关的器名解释，如“瓿，甂也”，“甂，似小瓿，大口而卑，用食”。另外还有“瓨，瓯瓿谓之瓨”，“瓯，小盆也”。《急就篇》颜注中说：“甂、瓯，瓦杅也。其形大口而卑。”由此可见，瓿、甂、瓨、瓯可能是功能略同、形制相近的一组汉代陶器。就铜器而言，吴小平先生认为，“瓯、鏂应属同一器仅质地有异，而依据上文所述即为洗。从实物来看，鏂与鋗较为相似，颈稍内收，弧腹，两侧施铺首。其流行于汉代”（图1-1，4～6）[④]。

“瓿”究竟是什么样子？孙机先生认为：汉代盛食品的容器种类繁多，一些在考

---

① 丘光明：《中国历代度量衡考》，科学出版社，1992年，99页。按照“北宋一尺长31.6厘米”换算。

② （宋）吕大临：《考古图》卷五，27，清乾隆四十六年四库全书文渊阁书录钱曾影钞宋刻本影印。

③ （宋）吕大临：《考古图》卷五，28，清乾隆四十六年四库全书文渊阁书录钱曾影钞宋刻本影印。

④ 吴小平：《汉代青铜容器的考古学研究》，岳麓书社，2005年，18页。

图1-1 吕大临《考古图》中的瓿形器

1. 龙纹瓿 2. 兽环细纹瓿 3. 孔文父饮鼎 4～6. 杅、銗、鏂 7. 单伯彝 8. 三耳大壶 9. 足迹罍

古报告中经常出现的名称，古文献中却没有给出明确的概念来，比如瓿。《尔雅·释器》："瓯、瓿谓之甂。"《广雅·释器》："瓿，瓶也。"《汉书·杨雄传》颜注："瓿，小罂也。"各种说法如此不一致，令人无所适从[①]。据此可知，即便是汉代的瓿，目前也无明确的考古发掘品与之相对应，更遑论商周青铜瓿的形制特点了。从吕大临《考古图》中器物的定名来看，学术界对瓿、罍和尊的争议是具有历史传统的。例如，《考古图》卷四·19的"单伯彝"（图1-1，7）[②]和卷四·74的"三耳大壶"（图1-1，8）[③]均为"罍"，而卷一·17"孔文父饮鼎"（图1-1，3）[④]和卷四·61

① 孙机：《汉代物质文化资料图说》，文物出版社，1991年，329页。

② （宋）吕大临：《考古图》卷四，19，清乾隆四十六年四库全书文渊阁书录钱曾影钞宋刻本影印。

③ （宋）吕大临：《考古图》卷四，74，清乾隆四十六年四库全书文渊阁书录钱曾影钞宋刻本影印。

④ （宋）吕大临：《考古图》卷一，17，清乾隆四十六年四库全书文渊阁书录钱曾影钞宋刻本影印。

的“足迹罍”（图1-1，9）[①]究竟定名“罍”还是“尊”，抑或为“瓿”意见不一。

综上所述，吕大临定名的“瓿”与我们今天所说的商周时期的青铜瓿是完全不同的。虽然“龙纹瓿”和“兽环细纹瓿”形制有别，但时代相近。其他明显属于商周时期的小口圆肩（或折肩）的圈足器则未被纳入“瓿”的范畴。

2. 王黼与《博古图》

在吕大临《考古图》之后，北宋宣和年间，王黼等作《博古图》[②]，卷二十中共收录瓿8件，其中有两件实为罍，属于瓿的6件分别为方斜瓿、鱼瓿、饕餮瓿一至四（图1-2）。《博古图》描述了上述器物的形制、尺寸、容积及纹饰，这6件器物的年代均被定为周代。王黼在《博古图》中第一次对瓿的功用做了说明，即“若乃瓿所以盛醯醢之物固以状此”。意为瓿是盛放酱料之物的容器所以是如此形状。细看这6件瓿，有圆肩也有折肩，其中方斜瓿（图1-2，1）、鱼瓿（图1-2，2）、饕餮瓿三（图1-2，5）、饕餮瓿四（图1-2，6）这4件瓿为圆肩，饕餮瓿一（图1-2，3）、饕餮瓿二（图1-2，4）为折肩，总体来看，这6件瓿，无论折肩还是圆肩，都和现在我们所说的商周时期的青铜瓿如出一辙。因此从这个意义上来看，我们今天对青铜瓿的定名标准，真正的来源是王黼。也就是说，宋代的王黼第一次为商周青铜瓿的定名划定了标准特

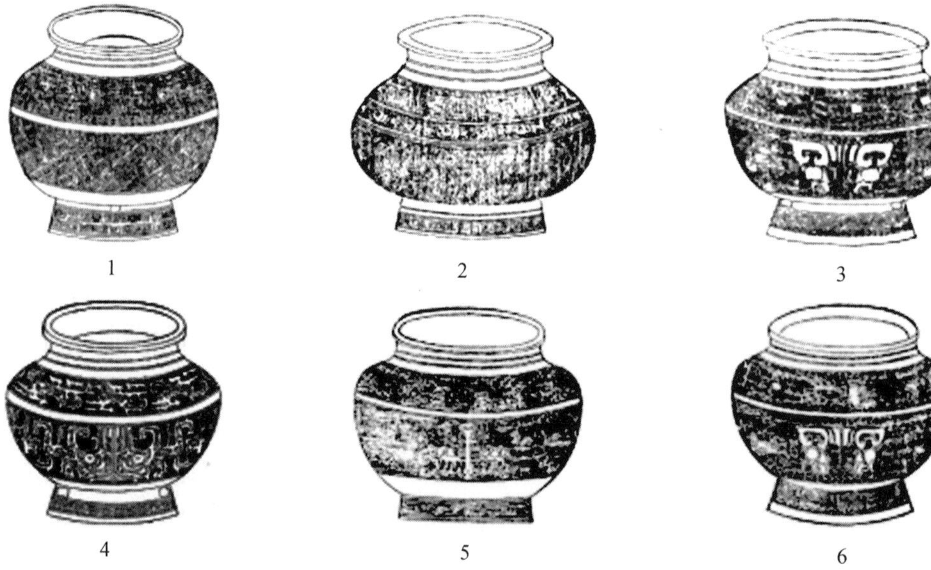

图1-2 《博古图》中收录的瓿

1. 方斜瓿 2. 鱼瓿 3. 饕餮瓿一 4. 饕餮瓿二 5. 饕餮瓿三 6. 饕餮瓿四

① （宋）吕大临：《考古图》卷四，61，清乾隆四十六年四库全书文渊阁书录钱曾影钞宋刻本影印。

② （宋）王黼：《博古图》，清乾隆十八年天都黄晟亦政堂修补明万历二十八年吴万化宝古堂刻本影印。

征。虽然他没有用文字表述，但是他确定的这些器物就是我们今天普遍意义上青铜瓿的形制。

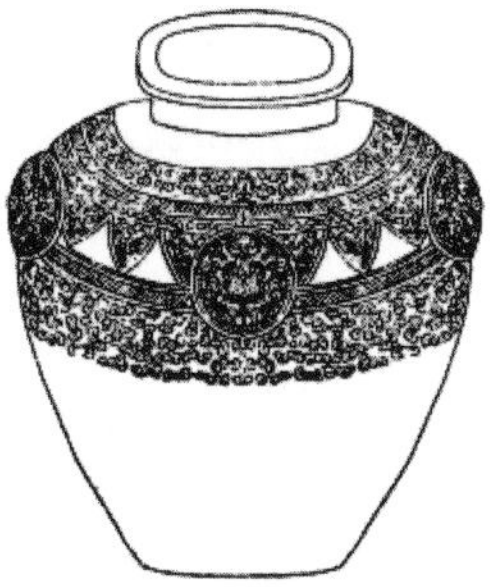

图1-3　蟠虬瓿

（二）明代对青铜瓿的著录

明代胡文焕编《古器具名》收录蟠虬瓿1件（图1-3），时代定为周代，并在古器总说中说明了瓿的用途，“有瓿焉以具醢醢䴇酱”[①]。这件器物小口、广肩、从肩部斜收至底部，无圈足，为罍，非瓿。

（三）清代对青铜瓿的著录

清代关于青铜瓿的著录书籍主要是乾隆四鉴，即《西清古鉴》《西清续鉴甲编》《西清续鉴乙编》《宁寿鉴古》。清代梁诗正编《西清古鉴》[②]，卷三十四收录青铜瓿5件，分别为周饕餮瓿2件、周兽鼻瓿、周山纹瓿、汉山纹瓿（图1-4），每件器物均附有摹绘图。这5件器物中，前3件，即周饕餮瓿（图1-4，1、2）、周兽鼻瓿（图1-4，3）均为圆肩，两件周饕餮瓿主体纹饰为兽面纹，周兽鼻瓿在圆肩上面装饰有浮雕兽首，肩腹部主体纹饰为乳钉纹，这3件器物为典型的圆肩瓿。后两件均为折肩（或称折

图1-4　《西清古鉴》中收录的瓿

1、2. 周饕餮瓿　3. 周兽鼻瓿　4.周山纹瓿　5. 汉山纹瓿

① （明）胡文焕：《古器具名》卷上，明万历自刻本，三一。

② （清）梁诗正：《西清古鉴》，光绪十四年辽宋书馆铜版影印本，乾隆十四年敕编。

腹），周山纹瓿（图1-4，4）和上海博物馆藏的乳钉雷纹折腹瓿[①]相似，而汉山纹瓿（图1-4，5）和殷墟西区M355：5瓿较为接近。

梁诗正《西清古鉴》中共收录了30件瓿，但真正和王黼收录的瓿接近的只有上述5件。无论如何，这5件瓿和宋代王黼对青铜瓿的界定标准一脉相承，给后人对青铜瓿这类器的研究提供了很重要的形制特征参考。

清代王杰编《西清续鉴甲编》[②]，卷十六收录青铜瓿3件（图1-5），分别为周蟠虺瓿（图1-5，1）、周云雷瓿（图1-5，2）、汉雷纹瓿（图1-5，3），也附有摹绘器物图片。这些器物均为典型的圆肩瓿，侈口、圆肩、圆腹、圈足，装饰有蕉叶纹、兽面纹、几何图案。

《西清续鉴乙编》[③]卷十六收录饕餮瓿[④]1件（图1-5，4）。这件饕餮瓿为典型的圆肩青铜瓿。

图1-5　《西清续鉴甲、乙编》中收录的瓿

1. 周蟠虺瓿　2. 周云雷瓿　3. 汉雷纹瓿　4. 饕餮瓿

① 陈佩芬：《夏商周青铜器研究·夏商卷》，上海古籍出版社，2004年，图版一七三～图版一七八。

② （清）王杰：《西清续鉴甲编》，宣统三年涵芬楼石印宁寿宫写本影印本，乾隆五十八年敕编。

③ （清）王杰：《西清续鉴乙编》，宣统三年涵芬楼石印宁寿宫写本影印本，乾隆五十八年敕编。

④ （清）王杰：《西清续鉴乙编》，宣统三年涵芬楼石印宁寿宫写本影印本，乾隆五十八年敕编。

清王杰编撰的《宁寿鉴古》[①]卷十三中收录了7件以瓿命名的器物，但前6件为罍，后1件为壶，都和瓿的形制特征相去甚远。

（四）民国时期对青铜瓿的著录

民国以来，各地方政权更替频繁，社会动荡，多数藏家的藏品零落殆尽，且大多流向海外。

《海外吉金图录》收录了流散在日本的器物158件，其中青铜瓿4件，即酒器类图九九～图一〇二（图1-6，1～4）[②]，每件器物除了精美清晰的照片外，还详细记录了尺寸、重量、著录等信息。

靳云鹗著《新郑出土古器图志初编》收录周云龙瓿（图1-6，6）[③]1件，按器形特征实际不属于瓿。

于省吾著《双剑誃吉金图录》收录了1件兴瓿，为殷商时期器物（图1-6，5）[④]，底部有2字铭文。同年，《双剑誃吉金文选》卷上之二中收青铜瓿铭文，卷下之二中收青铜瓿铭文8条。

1　2　3　4　5　6

图1-6　民国时期著作收录的瓿

1、3、4. 兽面纹瓿　2. 雷纹瓿　5. 兴瓿　6. 周云龙瓿

① （清）王杰：《宁寿鉴古》，民国二年涵芬楼依宁寿宫写本石印本。

② 容庚：《海外吉金图录》，考古学社专集第三种影印本，1935年，酒器类图九九～图一〇二。

③ 靳云鹗：《新郑出土古器图志初编》，1923年影印本，图一七。

④ 于省吾：《双剑誃吉金图录》卷上，1934年影印本，二二。

容庚著《武英殿彝器图录》中收录了3件瓿，分别为饕餮瓿（图1-7，1）、雷纹瓿（图1-7，2）、云雷瓿（图1-7，3）①。

1936年商务印书馆出版的《参加伦敦中国艺术国际展览会出品图说（铜器）》中收录了2件瓿：兽耳回纹瓿（图1-7，4）和饕餮纹瓿（图1-7，5）②。

1941年容庚先生的著作《商周彝器通考》（上编）中，收录了12件瓿（图1-7，6~17）③，分别为：牺首饕餮纹瓿、牺首饕餮纹有盖瓿、饕餮夔纹有盖瓿、斜方格雷乳纹瓿、饕餮目雷纹瓿、勾连雷纹瓿、勾连雷纹瓿二、目雷鱼纹瓿、蛙鱼纹瓿、饕餮纹瓿、勾连雷纹连耳瓿和侯瓿。

民国时期已将摄影技术运用于青铜器研究中，以相片为主图录的出现，对器物多角度的拍摄，使读者能更加准确直观地了解器物的形制、纹饰及铭文。加之测量单位的变化（厘米、千克等），更加准确地记录了器物的尺寸、重量等相关信息，较前人的收录方式和研究更为科学合理。另外，民国时期，西方考古学的理论与方法传入我国，为我国多年来形成的传统金石学研究带来了新的方式，也为后来的考古学的发展产生了重要的影响，西方考古发掘理论方法的传入，开启了以科学方法进行考古发掘的先河，为研究青铜器提供了科学资料及理论依据，也为青铜瓿的研究提供了基础条件。

（五）海外对青铜瓿的著录

1924年法国出版的*Bronzes antiques de la Chine*：*appartenant à C.T.Loo*（《卢芹斋藏中国早期青铜器》）一书中收录了卢芹斋先生收藏的一件兽面纹瓿（图1-8，1）。

1928年德国出版的*Chinesische Bronzen aus der Abteilung für Ostasiatische Kunst*（《东亚艺术研究——中国青铜器》）一书中，收录了两件青铜瓿，分别为夔纹瓿和鱼瓿（图1-8，2、3）。

1936年英国出版的*The Chinese exhibition*：*a commemorative catalogue of the International exhibition of Chinese art*，*Royal academy of arts*，*November 1935-March 1936*（《中国国际艺术展展品目录》）中收录了两件青铜瓿：勾连雷纹瓿（图1-8，4）和乳钉雷纹瓿（图1-8，5）。

日本泉屋博古馆1971年编纂的《新修泉屋清赏》中收录了5件瓿，分别为：牺首夔龙饕餮纹大瓿（日本根津美术馆藏，图1-8，6）、牺首饕餮纹瓿（图1-8，7）、夔龙方斜雷纹瓿（图1-8，8）、饕餮回雷纹瓿（图1-8，9）、虺龙饕餮纹瓿（图1-8，10）。

以上著录均以较清晰的摄影照片为主要图录方式，有的还辅以简要的文字，对器物的年代、用途和尺寸进行了介绍。

---

① 容庚：《武英殿彝器图录》，1934年燕京大学哈佛燕京学社影印本，141、143、145页。

② 伦敦中国艺术国际展览会筹备委员会：《参加伦敦中国艺术国际展览会出品图说（铜器）》，商务印书馆，1936年，41、43页。

③ 容庚：《商周彝器通考》（上编），哈佛燕京学社，1941年，888 ~ 897、900、901页。

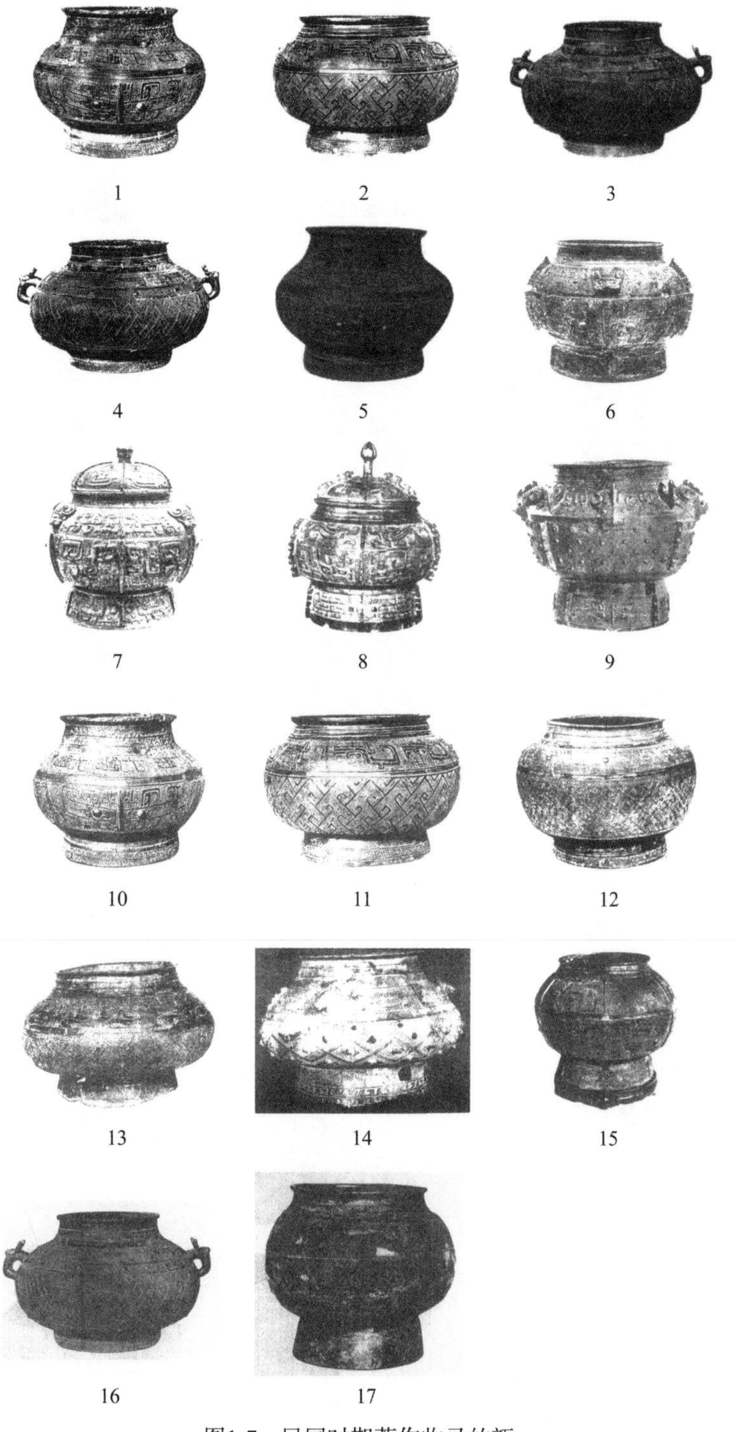

图1-7　民国时期著作收录的瓿

1. 饕餮瓿　2. 雷纹瓿　3. 云雷瓿　4. 兽耳回纹瓿　5.饕餮纹瓿　6. 牺首饕餮纹瓿　7. 牺首饕餮纹有盖瓿　8. 饕餮夔纹有盖瓿　9. 斜方格雷乳纹瓿　10. 饕餮目雷纹瓿　11. 勾连雷纹瓿　12. 勾连雷纹瓿二　13. 目雷鱼纹瓿　14. 蛙鱼纹瓿　15. 饕餮纹瓿　16. 勾连雷纹连耳瓿　17. 侯瓿

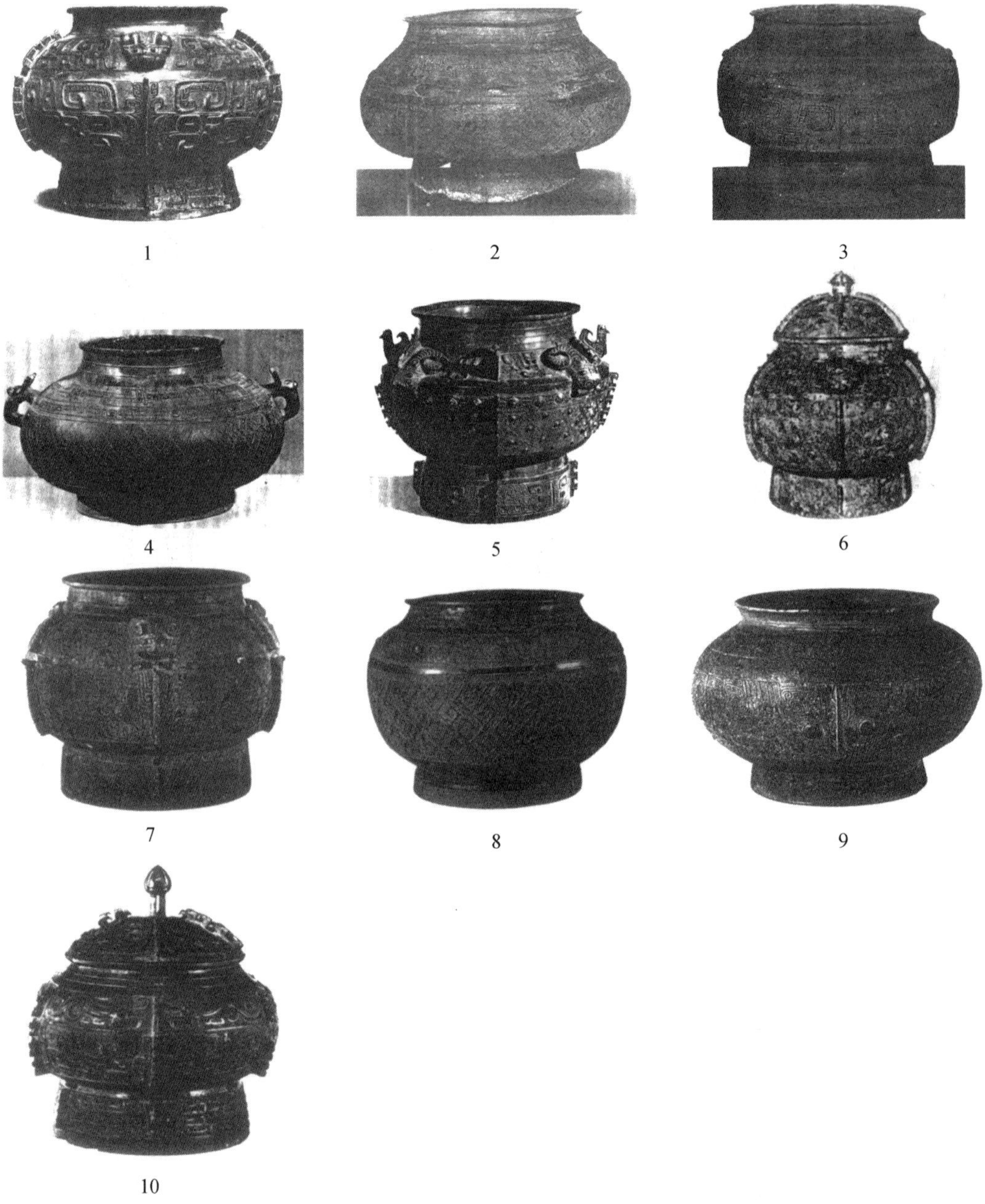

图1-8　海外文献收录的青铜瓿

1. 兽面纹瓿　2. 夔纹瓿　3. 鱼瓿　4. 勾连雷纹瓿　5. 乳钉雷纹瓿　6. 牺首夔龙饕餮纹大瓿

7. 牺首饕餮纹瓿　8. 夔龙方斜雷纹瓿　9. 饕餮回雷纹瓿　10. 虺龙饕餮纹瓿

（六）1949年以后对青铜瓿的著录

中华人民共和国成立以来，随着考古工作的蓬勃发展，全国各地又出土了一些青铜瓿，这些器物多见诸《文物》《考古》等期刊和考古发掘报告，除此之外，还有一些专门著录青铜器的书籍也有所收录。

1979年，陕西省考古研究所、陕西省文物管理委员会编著《陕西出土商周青铜器》[①]第一册（简称《陕青》），共收录商周时期出土青铜瓿7件。其中包括庚瓿（《陕青》附录图十，57）、勾连雷纹瓿、雷纹瓿、三羊瓿各1件，兽面纹瓿3件，附有图版以及图版说明。标注了每件出土器物所属墓葬编号，并叙述了出土墓葬及同出器物。

1981年，河南出土商周青铜器编辑组编《河南出土商周青铜器》[②]（简称《河青》），收录青铜瓿6件，其中包括兽面纹瓿4件、妇好瓿1件、素面瓿1件，这件素面瓿为折肩，其中内底是有铭文的，但是铭文不清。在图版中对器物进行拍照，给予名称。后对器物逐一介绍，标明器物所属时代、尺寸、器形特点、纹饰、铭文等，个别器物还介绍了出土状况。

《河青》和《陕青》这两部著作中收集的瓿，无论是在器形方面还是在纹饰方面都是中原地区最具代表性的。

1984年2月，日本学者林巳奈夫著的《殷周青铜器综览》[③]，收录了出土和海外博物馆藏以及私人藏家收藏的59件青铜瓿，除了精美的照片和纹饰拓片之外，还对瓿的尺寸和出处做了具体说明。

1988年，台北“故宫博物院”编辑委员会编辑《海外遗珍》[④]，按照朝代先后进行收录。收录青铜瓿2件。按照其时代早晚的顺序进行排列，每器均有清晰的照片，下附该器物所属时代、器名、尺寸、器物藏处等简要说明。

1993年4月，安阳市文物工作队、安阳市博物馆编著《安阳殷墟青铜器》[⑤]，收录青铜瓿1件（该书图版八七），后与《河青》中收录方式相同。除此之外，还标注了出土器物所属墓葬编号，这对出土青铜瓿的研究是十分有帮助的。

1995年12月，李学勤、艾兰先生编著《欧洲所藏中国青铜器遗珠》[⑥]收录青铜瓿1

---

① 陕西省考古研究所、陕西省文物管理委员会：《陕西出土商周青铜器》第一册，文物出版社，1979年。

② 《河南出土商周青铜器》编辑组：《河南出土商周青铜器》，文物出版社，1981年。

③ 〔日〕林巳奈夫：《殷周青铜器综览》，东京：吉川弘文馆，1984年。

④ “故宫博物院”编辑委员会：《海外遗珍》，台北“故宫博物院”，1985年。

⑤ 安阳市文物工作队、安阳市博物馆：《安阳殷墟青铜器》，中州古籍出版社，1993年。

⑥ 李学勤、艾兰：《欧洲所藏中国青铜器遗珠》，文物出版社，1995年。

件。该书收录器物照片清晰，并附有时代说明，标注了器物的时代、尺寸、藏处，并对器形、花纹做以描述，有铭文者则对铭文做以注释，还将著录中所收器物进行特殊说明。此书作者近年在比利时、丹麦、法国、德国、英国、意大利、荷兰、瑞典、瑞士等国，观察研究公私收藏的中国青铜器。此书精选其中迄今未发表或材料为中国读者不易见到的珍品，共200余件，有很高的学术和艺术价值。

1995年1月，国家文物局编著《中国文物精华大辞典 · 青铜卷》①，共收集青铜瓿10件。收录了自新石器时代至明朝的精美青铜器1342件，采用实物原拍照片，由香港商务印书馆以最新技术印刷出版，印刷精美，较好地体现了青铜器所固有的无穷魅力，实为一部不可多得的关于青铜器鉴定及欣赏的参考书。

1995年以来，由《中国青铜器全集》编辑委员会编纂的《中国青铜器全集》②（以下简称《全集》），从国内外190家文物机构现存的数万件青铜器中，遴选3000多件精品，按时代分地区编排，共16卷。共收集青铜瓿22件，并附有精美的图片以及相关的尺寸数据、器物描述、出土地和现藏单位等信息。

1998年10月，“故宫博物院”编辑委员会编《“故宫”商代青铜礼器图录》③，将商周时期的青铜瓿，以高清照片为主，并附以器物尺寸，描述其形制、纹饰等，确定出土地及时代。另外，与前不同的是将高科技手段运用到青铜器的鉴别上，对所收青铜器拍摄X光片，并将X光片照片随附。该书对青铜瓿研究开拓了创新之路，将现代高科技运用于青铜器的研究汇总，更加准确地对青铜器的真伪、时代等进行判断，迈出了现代考古学走向科技化的新步伐。

2004年，陈佩芬先生著《夏商周青铜器研究》④全六册，按照时代分为三期，即夏商篇、西周篇、东周篇。每期分上下两册。共收录青铜瓿9件，其中兽面纹瓿3件、勾连雷纹瓿3件、乳钉纹折腹瓿1件、带兽首棱脊的乳钉雷纹瓿2件，每件器物皆有清晰照片，后附说明，包括对器物时代的判断、尺寸、重量、器形描述，并对多数器物与同类或同出器物进行器形对比和组合关系分析，以及对器物流传过程和功用等问题进行了简要论述，丰富了青铜瓿的研究，是研究夏商周三代青铜瓿的必读书目。

2005年12月，曹玮先生主编的《陕北出土青铜器》⑤共收录青铜瓿5件，其中兽面纹瓿2件、云雷纹瓿2件、夔纹瓿1件（残）。该书对这5件瓿根据纹饰的不同做了型式划分和分期断代，将其分为云雷纹瓿和兽面纹瓿两类，并根据腹部深浅又划分为两式。该书最大的特点是将瓿置于一组同出铜器器群组合之中，从而在一个整体器物组

① 国家文物局：《中国文物精华大辞典 · 青铜卷》，上海辞书出版社，1995年。

② 《中国青铜器全集》编辑委员会：《中国青铜器全集》，文物出版社，1996～1998年。

③ “故宫博物院”编辑委员会：《“故宫”商代青铜礼器图录》，台北“故宫博物院”，1998年。

④ 陈佩芬：《夏商周青铜器研究 · 夏商篇》，上海古籍出版社，2004年。

⑤ 曹玮：《陕北出土青铜器》第一集，巴蜀书社，2009年。

合中来分析判断器物组合关系以及墓葬年代，为多方面研究青铜瓿提供了便利和参考资料。

2006年，曹玮先生主编的《汉中出土商代青铜器》①共收录青铜瓿9件，以精美的图片和中、英两种文字对青铜瓿的出土情况、器形、纹饰特征、尺寸进行了描述，具有很强的参考性。

2006年，钟柏生、陈昭容、黄铭崇、袁国华编著《新收殷周青铜器铭文暨器影汇编》②（以下简称《新收》），《新收》一书相对《殷周金文集成》③（以下简称《殷集》）而言，收录《殷集》出版以后新出土的有铭铜器及漏收部分，共2005件，时间截至2005年年底。《新收》分三册，前两册为正文，后一册为附录。正文又分为上下两编，上编为出土地明确者，按出土铜器多寡排列省份次序；下编为出土地不详者，按现藏地笔画为序。在2005件铜器中，有青铜瓿23件，每件器物的著录要素包括器号、器名、出土地点、现藏地点、器物时代、所属国族、器物尺寸（通高、口径、腹深等）。既有器物的照片图又有线图，既有铭文拓片又有纹饰拓片。铭文拓本旁附有释文。附录则包括“收录资料总览”“器类字数索引”“族徽索引”“人名索引”“地名索引”“官名索引”“引用书目表”等。器物说明以表格形式，对器物在该书中的编号、器名、尺寸、出土地、现藏地、时代、国族几个方面进行简介。其收录数量之庞大、内容之丰富，足可谓又一部青铜器著录类的巨著。张懋镕先生称《新收》“为一部令人惊异的好书！”④

2006年2月，《北京文物精粹大系》编委会等编《北京文物精粹大系·青铜器卷》⑤。收录方式与《精华》近同，按照时代进行收录，分为商、西周、春秋时期、战国时期、汉至南北朝时期、隋唐至元明时期6个部分。《北京文物精粹大系·青铜器卷》从北京文博单位的各类文物藏品中，选出传世和出土的数千件精品，分门别类，辟卷出版，不仅满足了文物爱好者的需求，更是对北京文化一种全面深入的推介。其中收录商代铜瓿1件，对器做以简介，为科普性图录。

2008年10月，中国社会科学院考古研究所、安阳市文物考古研究所编著《殷墟新出土青铜器》⑥，将殷墟地区1982～2006年发掘的墓葬按照年份做以统计，并统计出土青铜礼器数量共计1600件以上，其中有青铜瓿14件，并以图录形式展现了殷墟一期至

① 曹玮：《汉中出土商代青铜器》，巴蜀书社，2006年。

② 钟柏生、陈昭容、黄铭崇、袁国华：《新收殷周青铜器铭文暨器影汇编》，台北艺文印书馆，2006年。

③ 中国社会科学院考古研究所：《殷周金文集成》，中华书局，1984年。

④ 张懋镕：《古文字与青铜器论集》第三辑，科学出版社，2010年，290页。

⑤ 《北京文物精粹大系》编委会等：《北京文物精粹大系·青铜器卷》，北京出版社，2002年。

⑥ 中国社会科学院考古研究所、安阳市文物考古研究所：《殷墟新出土青铜器》，云南人民出版社，2008年。

四期的200多件精品标本青铜器照片。该书对研究青铜瓿各个时期在墓葬组合中的地位十分重要。

赵丛苍先生著《城洋青铜器》①收录青铜瓿共计13件，除了对出土瓿的埋藏地点、时间进行确切记录外，还对城固、洋县地区的青铜瓿的型式进行了划分，对特征进行了总结，并对这一地区青铜瓿的发展演变规律以及分期断代等进行了详细具体的论述，附有精美的彩色图片进行说明。

《保利藏金》②收录菱格乳钉瓿1件，腹较浅，菱形方格规整精美，乳钉有三圈，为典型的乳钉纹瓿。

另外，《神韵与辉煌·青铜器卷》③中有一件三羊瓿，是一件窖藏铜器，1965年发现于绥德县堰头村青铜器窖藏，书中定为商代晚期。《江西新淦出土青铜艺术》④《中国青铜器图录》⑤《长江流域古代美术·青铜器卷》⑥等著作都附有高清晰度的青铜瓿图片以及相关文字说明，对于从各个学科角度、各个地域文化风格对青铜瓿进行研究具有重要的参考价值。

2012年9月，吴镇烽先生的《商周青铜器铭文暨图像集成》⑦收录了24件青铜瓿，2016年9月《商周青铜器铭文暨图像集成续编》⑧收录了2件青铜瓿。《商周青铜器铭文暨图像集成》汲取《三代吉金文存》和《殷周金文集成》的优点，拓本采用原大付印，又在相同的铭文拓本中选取精拓和字迹清晰者，有的还附录摹本。除此之外，又收录青铜器图像，这是该书之最大特色；同时将释文和相关背景资料编排在一起。这给古文字研究者以及考古、历史学者，提供了一份较为完整的资料，对商周史和古文字研究将有所裨益。

这一时期，图录类著作对研究青铜瓿的作用十分关键，通过器物图像的对比，可以十分清晰地判断器物的形制、纹饰等多个方面，对器物类型学分析是必不可少的，并且加强了通过类型学分析所得出的研究成果的可靠性。

---

① 赵丛苍：《城洋青铜器》，科学出版社，2006年。
② 《保利藏金》编辑委员会：《保利藏金》，岭南美术出版社，1999年。
③ 冀东山、梁彦民：《神韵与辉煌·青铜器卷》，三秦出版社，2006年。
④ 江西省博物馆、上海博物馆：《江西新淦出土青铜艺术》，香港两木出版社，1994年。
⑤ 李建伟、牛瑞红：《中国青铜器图录》，中国商业出版社，2000年。
⑥ 邵学海：《长江流域古代美术·青铜器卷》，湖北教育出版社，2002年。
⑦ 吴镇烽：《商周青铜器铭文暨图像集成》，上海古籍出版社，2012年。
⑧ 吴镇烽：《商周青铜器铭文暨图像集成续编》，上海古籍出版社，2016年。

二、研究史及研究现状

由于宋代金石学的兴起，真正可以称青铜器研究的学问，是从宋代才开始的。青铜瓿的研究，发端于北宋时期，元、明两朝发展缓慢，清代复兴，民国时期继续发展，兴盛至今。据此，可将其研究史划分为三个阶段。

（一）北宋至清

北宋学者刘敞在《先秦古器记》中曾指出金石文献的三大史料价值，即“礼家明其制度，小学正其文字，谱牒次其世谥”[①]。这一阶段的金石学家，以此为研究目的，首开以金石学研究青铜器之先河，保留了大量的图录、款识及考据类著作，如《考古图》《博古图》《古器具名》《西清古鉴》《西清续鉴》《宁寿鉴古》等。但是在这些著录中也存在一些问题，依本书界定瓿的标准，如上所述古文献中所著录的这90件瓿中不能算严格意义上的瓿已过半，共计69件，确切为瓿者共计21件。有些属于瓿类的却归入罍中。

宋代和清代首开以金石学的方法研究青铜瓿之先河，对后来的研究自然功不可没，但是其问题也不可忽视。

其一，定名混乱。由于当时发现的瓿并不多，因此一些学者在命名方面穿凿附会文献，随意性太大，如上所述的著录几乎都有定名之误，如王黼的《博古图》上卷三十一中的“蟠虬瓿”实则为蟠虬罍；《博古图》下卷二十中的“周蟠虬瓿”（图1-9）[②]均为罍，而非瓿；清代王杰的《西清古鉴》卷十中的“周云龙尊”并不是尊而是瓿，卷三十四中的“周夔纹瓿”“周绳耳瓿”“周素瓿”“汉兽环瓿”“汉兽

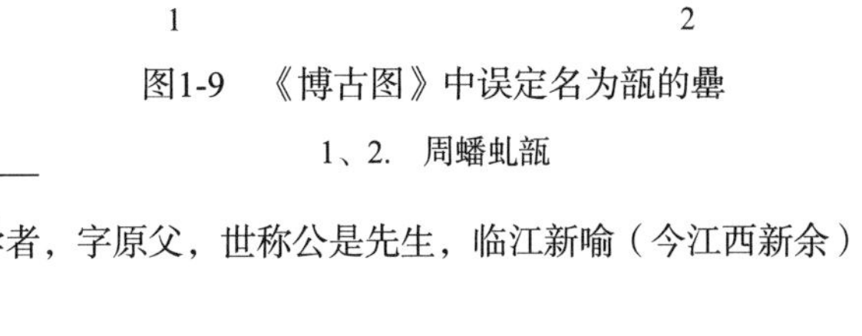

1 2

图1-9 《博古图》中误定名为瓿的罍

1、2. 周蟠虬瓿

① 刘敞，北宋学者，字原父，世称公是先生，临江新喻（今江西新余）人，官至集贤院学士，判南京御史台。

② （宋）王黼：《博古图》，清乾隆十八年天都黄晟亦政堂修补明万历二十八年吴万化宝古堂刻本影本。

耳瓿”“汉星纹瓿”“汉素瓿”均不是瓿而是罍。《西清续鉴》中将15件罍形器错误定名为瓿。

其二，断代不详。以上著录所收器物，往往在定名时非商即周，非周即汉，未能对各个时代青铜瓿的特点做以细致描绘，结果往往模棱两可，造成时代误判现象。其实青铜瓿的流行时间很短，在考古材料中只在商朝的中期和晚期出现，最晚在商末周初就已经在历史舞台上退出并消亡，因此，虽然汉代文献中仍然存在对“瓿”的记载，可能仅仅是汉代学者依据文献记载做出的结论，或者是将“瓿”这一先秦器物的名称附会到了汉代的器物上，它到底是不是我们本书中所要研究的“瓿”，还有待于更多的考古材料来证实。当然，这些问题的出现和古人当时所处的特定环境和条件是分不开的，当时古人研究的侧重点、目的和现在的学者有所不同，因此，我们不能苛责前人的成果。

（二）民国时期

1928～1937年，中央研究院历史语言研究所对殷墟进行了15次科学发掘，共发现了铜器170余件。在此时期，运用考古学方法进行青铜瓿研究的主要学者便是李济先生。李济是最早对殷墟小屯墓地进行科学发掘的考古学者。李济在《记小屯出土之青铜器》（上篇）[①]一文中，从小屯出土青铜器的10座墓葬与殷墟遗址及遗物之间的打破关系出发，分别对M232等10座墓葬的年代进行了详细的论证，认为墓葬以及遗物均为殷商时期的物品，并对小屯出土的青铜容器进行了分类统计说明，分列出一类“矮体圆肩瓿形器”，共计9件，腹与口、足横截面为圆形，敛口，口较大，口沿外侈，有短颈，鼓腹，最大径在腹中部，腹壁圆曲，矮直圈足或微外撇，器宽大于高，体形宽扁。李济通过亲自参与发掘，对青铜瓿的划分更加科学，描述更为详细，为研究殷墟青铜瓿提供了很全面的参考意见。

容庚著《商周彝器通考》[②]，是一部通论性质的著作，全书分上、下两编。上编十五章，下编四章。在下编第三章“水器及杂器”之（九）“瓿之用”中，将瓿归入水器及杂器类，共收录了青铜瓿20件，其中商代13件、春秋战国时期7件。首次按照青铜瓿形制特征对瓿进行了分类，分为圈足有盖者（牺首饕餮纹有盖瓿）[③]、无盖而两耳者（勾连雷纹两耳瓿）[④]、有盖而方者（饕餮纹鸟盖方瓿）[⑤]、两耳而无足者（象

---

① 李济：《记小屯出土之青铜器》，《中国考古学报》第三册，1948年。
② 容庚：《商周彝器通考》（上编），哈佛燕京学社，1941年。
③ 容庚：《商周彝器通考》（下编），哈佛燕京学社，1941年，附图八八九。
④ 容庚：《商周彝器通考》（下编），哈佛燕京学社，1941年，附图九〇一。
⑤ 容庚：《商周彝器通考》（下编），哈佛燕京学社，1941年，附图八九九。

鼻纹瓿）①、无耳无足而有盖者（圆涡蟠虬纹瓿）②、有盖而两耳者（圆涡蟠虺纹两耳瓿）③六种。并在此基础上，对13件商代瓿和7件春秋战国瓿的主体纹饰进行了描述。除此之外，还对瓿进行“瓿之用，瓿之形状，瓿铭之位置”的论述。该书对青铜瓿的整理研究工作提供了一定的参考借鉴与帮助。

综合来看民国时期关于青铜瓿的研究状况，可看出这一时期的研究具有如下几个特点。

（1）西方考古学理论的传入，对中国考古学理论与方法的催生具有很大的帮助，并为传统的器物学研究注入了新鲜血液。这一时期国内受到西方考古学理论及方法的影响，开启了田野考古发掘之路，并学习、运用这些新的考古学理论方法，用以实践、指导我国境内的考古及发掘工作，李济就是其中的杰出代表，他对青铜瓿的科学发掘、整理分类在前文已有过论述，在此不再赘述。

（2）对器物分类的研究方式的逐渐确立，已不再拘泥于长期以来形成的传统金石学所运用的研究模式，而是更加注重对器物的形制、纹饰、铭文、族属等多个方面的综合性研究，将铭文与历史文献、史料更加紧密地结合起来。确立了新标准器的断代方法，这使得青铜器的分期断代研究方法走上了科学、合理的新路。以容庚的《商周彝器通考》为界标，首开以分类学（或称类型学）的方法进行青铜瓿的研究先例，而李济利用现代考古学、类型学方法对青铜瓿的分类更加细致、准确，对青铜瓿的形制、纹饰、铭文、出处、功用以及青铜瓿与罍的区别等方面进行了综合研究，使得青铜瓿研究首次跳出了传统器物学的藩篱。

（3）传统金石学逐渐运用到考古发掘资料，并与考古学形成了相互促进、共同发展且不可分割的局面。这样不仅有利于青铜器研究方法的进一步革新，且更加充分地展示了考古发掘工作的收获和成果。

（4）这一时期，虽然西方考古学传入，田野发掘趋向科学发掘，但是国内所运用到的田野考古方法及相关工作尚处于初步形成阶段，通过科学方法进行的考古发掘所得到的器物数量尚少，因此，在这一时期对青铜瓿的研究，其对象仍然以传世器物为主，不能明确研究对象的具体出土情况，亦无法对器物进行全面的、科学合理的分析。

（三）1949年至今

中华人民共和国成立以后，伴随着大规模田野考古工作的展开，运用田野考古的科学方法发掘并出土了大量青铜器，极大地丰富了对青铜器研究的资料，因此，学者们对青铜器的研究更加科学化和合理化。关于青铜瓿的地下材料不断出现，为全面、

① 容庚：《商周彝器通考》（下编），哈佛燕京学社，1941年，附图八九八。

② 容庚：《商周彝器通考》（下编），哈佛燕京学社，1941年，附图九〇四。

③ 容庚：《商周彝器通考》（下编），哈佛燕京学社，1941年，附图九〇五。

系统地研究青铜瓿提供了可能。学者对这些新的考古资料进行收集并整理，根据青铜瓿所出土墓葬的时代对其时间进行判断，并且通过出土器物的形制、纹饰、铭文进行类比，找寻青铜瓿在不同阶段、不同地域发展及其变化的规律。由此在这一时期已全面开启了对青铜瓿研究的新步伐，更能深入具体地对青铜瓿进行科学合理的研究。

这一时期，有关青铜瓿研究的各类著作纷至沓来，按体例可以分为四个方面：①通论类著作；②研究类著作；③工具类著作；④研究类文章。国内关于青铜器的著作和文章的不断问世，加上海外学者的大量参与，使得中华人民共和国成立后对青铜瓿的研究出现了百花齐放的新局面。

1. 通论类著作

容庚、张维持所著的《殷周青铜器通论》①（以下简称《通论》）是1941年的《商周彝器通考》（以下简称《通考》）的改编本，内容基本上是相同的。主要不同之处是新添了第一章，把青铜器买卖的“价值”一章删去，其他修改之处就不多了。但是对于以青铜瓿作为研究对象的笔者来说，《通论》和《通考》最大的区别是将《通考》收录的20件青铜瓿划入罍属，称之为扁体罍②。对《考古图》及《博古图》中的瓿的定名提出质疑，认为瓿名与其酒器的功能不相符③。笔者认为瓿作为一类铜器名称，除了和其所担任的功能有联系之外，还跟它的形制特征有密切的关系。从器物形制来看，瓿器形最大径在腹中部，与罍最大径在肩底与上腹部交接处不同，似以分出单列为一种器类为宜。

马承源著《中国青铜器》④。马先生将瓿归入酒器类，并对瓿的基本形式进行了详细划分，划分为八类，即敛口广折肩宽腹式、敛口短颈圆肩宽腹式、敛口广肩宽腹式、敛口短颈广折肩高体式、大口广折肩宽体式、敛口圆肩低体式、敛口圆肩扁体式和敛口短颈广肩双耳扁腹式。论述了瓿的存在阶段为商代早期至晚期前段，还认为当罍普遍使用时，瓿即趋于消失，只在妇好墓中出现了两种器形并存发展的现象。

朱凤瀚所著的《古代中国青铜器》⑤，全书114万字，是一部系统反映宋代以来，中国先秦铜器研究成果的大型专著。该书在上编第三章“青铜器的定名与分类”中，将青铜瓿归入酒器中的盛酒器类。在《古代中国青铜器》之后，2009年，朱凤瀚先生的又一部大型著作《中国青铜器综论》⑥（以下简称《综论》）面世。这是《古代中国青铜器》的全面升级版本。《综论》分为上下两编，共三册。上编为通论，主要内

① 容庚、张维持：《殷周青铜器通论》，文物出版社，1984年。

② 容庚、张维持：《殷周青铜器通论》，文物出版社，1984年，56页。

③ 容庚、张维持：《殷周青铜器通论》，文物出版社，1984年，56页。

④ 马承源：《中国青铜器》，上海古籍出版社，2003年。

⑤ 朱凤瀚：《古代中国青铜器》，南开大学出版社，1995年。

⑥ 朱凤瀚：《中国青铜器综论》，上海古籍出版社，2009年。

容为青铜器的起源、发现、冶炼、铸造以及仿造、防伪、辨别。下编为分论，分别对二里头文化的青铜器、商代青铜器、西周青铜器、春秋青铜器、战国青铜器以及东周时期边远地区的青铜器按时代、地域、礼器制度进行综合研究。在《综论》上编第三章“青铜器的分类与定名（上）”的酒器之盛酒器中提到了瓿。首先针对瓿的定名，先生罗列了《说文解字》《方言》《玉篇》《淮南子》等文献资料对瓿及其功能的解释；又列举了北宋吕大临对瓿的定义，以及李济、容庚等对瓿的定义与器类划分，先生不同意容庚、张维持将瓿归入扁体罍的观点，认为单独列出来更好。先生将瓿归入酒器中的盛酒器，并对瓿进行了型式划分，划分为有耳瓿和无耳瓿两大类。又将无耳瓿分为二亚型，将颈部稍长而稍内弇、腹部宽扁呈椭圆形、平沿外侈的瓿划为Aa型，如小屯M232：R2057①、1959年安阳武官村北M1：5②等瓿；将另一部分颈极短的瓿划为Ab型，如安阳小屯M188：R2055瓿③。朱凤翰先生将《通考》④中一件传世瓿划入了有耳瓿中。这样划分非常清楚明白，对青铜瓿的整理与分析提供了不可多得参考资料。

2. 研究类著作

1981年，郭宝钧遗著《商周铜器群综合研究》⑤，全书共分六章。该书对青铜瓿的组合情况进行了专门分析，将学术界有争议的那一部分折肩无耳罍全部称为瓿，并在大家默认二里头文化为早商文化基础上，提出二里冈文化为中商文化的界标这一观点，将青铜瓿回归到一个墓葬器物组合中，做整体上宏观的把握和分析，提出来“商人重酒，周人重食”的观点，这一观点在学术界影响非常深远。他还谈到了铸造方法对青铜瓿形制、纹饰研究的重要意义。

2003年，施劲松在《长江流域青铜器研究》一书中⑥，以今日行政区划之界，将长江流域青铜器分为4个中心地域，对各区域出土青铜器的形制、组合、纹饰进行介绍并与中原地区做比较。其中对江西新干大洋洲出土瓿的形制特点，与中原地区同期器间的差异等问题做了比较研究，认为商代南方青铜器除了受中原文化影响之外，还对中原文化有一个反影响力。

2006年5月，岳洪彬著《殷墟青铜礼器研究》⑦。该书运用考古学方法对殷墟青铜礼器的发现和研究历程做了概述，讨论了殷墟青铜礼器的分期、断代、纹饰等，并与

① 朱凤瀚：《中国青铜器综论》，上海古籍出版社，2009年，第220页，图三.五五：1。
② 朱凤瀚：《中国青铜器综论》，上海古籍出版社，2009年，第220页，图三.五五：2。
③ 朱凤瀚：《中国青铜器综论》，上海古籍出版社，2009年，第220页，图三.五五：5。
④ 容庚：《商周彝器通考》（下编），哈佛燕京学社，1941年，附图九〇一。
⑤ 郭宝钧：《商周铜器群综合研究》，文物出版社，1981年。
⑥ 施劲松：《长江流域青铜器研究》，文物出版社，2003年。
⑦ 岳洪彬：《殷墟青铜礼器研究》，中国社会科学出版社，2006年。

二里头文化和西周青铜器的源流关系做了全面分析。对殷墟出土的青铜瓿从形制、纹饰的分类、纹饰的方向性、流行时期以及与其他器物组合关系等方面进行了专题探索和研究。

这类研究性著作虽未能将青铜瓿作为重点研究对象，但都有一定涉及，其研究内容、研究方法等都具有重要的价值，对青铜瓿的综合研究起到了指导性作用。

3. 工具类著作

主要包括图录类、检索类集成著作。

孙稚雏编《金文著录简目》[①]是一部以器为纲的著录表，所收内容均以金文专著为限；其续编《青铜器论文索引》[②]，兼收1982年之前的各种论文集和报纸杂志上的有关青铜器和金文研究的中文论著，除此之外，还兼收陶文、盟书、简帛、刻石、玉器及鸟篆等文字资料，并根据青铜器及金文研究的内容进行分类，各个分类项下，均按内容以类相从，同时兼顾时代与地域，方便了资料的查阅。

张懋镕及张仲立合编《青铜器论文索引（续编）（1983年—2001年）》[③]，所收论文为1983～2001年的青铜器论文。随后又出版了《青铜器论文索引（2002—2006）》。在铭文方面，张亚初著《殷周金文集成引得》等。索引工具书为青铜器研究资料查阅，提供了极大的便利。

4. 研究类文章

比较全面系统的、专门研究青铜瓿的作者要数马今洪和张昌平两位先生了。马今洪的《试论青铜瓿》[④]对瓿的形式划分、断代分期、发展演变以及分布区域、定名等方面做了具体详细的分析。他在这篇文章中将16件原报道称罍的器物归入瓿类，并将其归为Ⅰ式A型、B型、C型。这16件原报道称罍的器物比起传统意义上、学术界公认的没有争议的瓿在体高上更高，即为折肩无耳罍，而马先生却将其归入瓿类，虽没有说明如此划分的原因和根据，但毕竟这是青铜瓿在定名和形式划分方面的一次创新与突破。除此之外，马先生通过对瓿的分期演变过程的分析，总结出了瓿的发展演变规律，并对其分布区域进行了论述，是一篇比较全面的专门性研究瓿的文章。

张昌平的《商代铜瓿概论》[⑤]，从型式划分、文化分期、装饰特征、墓葬器物组

---

① 孙稚雏：《金文著录简目》，中华书局，1981年。

② 孙稚雏：《青铜器论文索引》，中华书局，1986年。

③ 张懋镕、张仲立：《青铜器论文索引（续编）（1983年—2001年）》，香港明石馆出版社，2005年。

④ 马今洪：《试论青铜瓿》，《上海博物馆集刊》，上海书画出版社，2000年。

⑤ 张昌平：《商代铜瓿概论》，《长江流域青铜文化研究》，科学出版社，2002年。

合、器物来源等方面进行了分析论述，也是一篇很系统的专题性文章。张先生以分布区域接近重合于商文化势力范围的铜瓿材料作为研究对象，着重分析铜瓿在商文化中的流传及其地域特征。和马先生对瓿的研究比起来，他在型式划分方面主要依据腹部纹饰，共分为六型，即兽面纹瓿、雷纹瓿、肩部饰兽首、颈部饰扉棱、带盖瓿、素面瓿等。张先生将殷墟青铜器三期分法引用到各类铜瓿及其所属墓葬分期上，将铜瓿分为殷墟文化第一期和殷墟文化第二期，并将第二期又划分为早、中、晚三段。张先生还对商代青铜瓿总体特征进行了总结，认为青铜瓿在器形上口径和底径相当，短颈，矮圈足，腹深明显小于腹径；装饰上肩部以一周凹槽或以折肩隔开肩、腹，使整器形成颈、肩、腹、足四个纹饰带，颈部饰两周弦纹，肩部饰一周夔纹，腹部饰兽面纹或雷纹，圈足饰云雷纹或夔纹，多数圈足带有三个镂孔。张先生指出商代青铜瓿的变化主要体现在腹部纹饰、肩部兽首以及扉棱的变化上，并举例做具体分析。除此之外，张先生在商代铜瓿的分布区域方面也进行了分析，认为藁城台西遗址地处商王畿附近，文化特征与殷墟极为接近，但青铜器与殷墟相比仍然有不少特异之处；平谷刘家河商墓受到夏家店下层文化和商文化的双重影响；辽宁喀左北洞村与高家洞隔大凌河相对，这一带的辽西地区属于与夏家店下层关系密切的魏营子类型，认为喀左的两件瓿很可能是由安阳地区传来的；石楼、祁县、保德、绥德等地，地理上同处于黄河中游两岸，认为这里出土的多件青铜器与鬼方等少数民族有关，这里也是出土商代青铜瓿最为集中的地区之一，所出青铜瓿基本与殷墟青铜瓿形制纹饰相同，或者表现出与典型商文化较紧密的联系；还有城固与洋县，多数青铜瓿特征与黄河中游两岸青铜瓿接近；岐山贺家村“庚”瓿素面，但是未必是属于蜕化形态的瓿。另外，张先生还对青铜瓿起源做了探讨，认为青铜瓿的出现可早到二里冈文化时期，类似青铜瓿的陶器在郑州人民公园有所发现。

两位先生关于青铜瓿的研究与分析有以下几点差异。

（1）分型分式的依据不同。马今洪先生对青铜瓿的分型分式侧重于形制，而张昌平先生更侧重于以纹饰作为区分型式的依据。

（2）研究范围不同。马先生将全国各地分布广泛的青铜瓿全部纳入其研究范围，而张先生更侧重于商文化势力范围①内的青铜瓿。

（3）研究对象的数量也不同。马先生将郑州白家庄M2罍，郾城拦河潘罍，藁城台西C：6罍，平陆前庄罍，城固龙头镇1980CHLTT：1罍、1981CHLTT：1罍，盘龙城李家嘴M1：7、M1：8罍，盘龙城出土罍，郑州回族食品厂出土罍，共10件原报道称罍的器物纳入其瓿的研究范围，认为原报道有误；而张先生在文章中论及的是学术界公认的那部分瓿，尊重以前报道与命名，当然张先生也提出了折肩瓿的形态较圆肩瓿略高，更接近于罍的特征的观点①。

① 张昌平：《商代铜瓿概论》，《长江流域青铜文化研究》，科学出版社，2002年。

总之，两位先生对青铜瓿的研究风格迥异，马先生更注重青铜瓿的横向联系，张先生更注重青铜瓿的纵向发展脉络。而这些成果给了笔者在分析整理青铜瓿时很大的借鉴与启发。当然，二者对于瓿的研究仍然有一些需要探讨的地方。比如，张先生认为“铜罍在殷墟一期趋于消失，墓葬中出瓿则不见罍，因此瓿的出现在功用上取代了罍”[①]。据考古发掘报告与其他资料显示，罍和瓿在殷墟二期，以小屯M5为例，同时出现在同一墓葬中，但是后来随着瓿在三期之后的消失，此后只见罍而无瓿，瓿在前，而罍在后，因此是罍在功能上取代了瓿，而非瓿取代了罍。也许张先生提到的罍是折肩无耳罍，并非双耳罍，而根据容庚先生“罍小口、细颈、广肩类似于壶状”[②]及郭宝钧先生“罍有两耳”[③]的标准，以前原报道中那些称为罍的器物口大、颈部粗、肩部比起双耳罍的广肩来说还是略为窄一些的。肩径与底径差异并没有像罍的肩部与底部长度悬殊那么明显。因此折肩无耳罍这类器物究竟属于罍还是属于瓿，非常值得探讨。笔者会在下一章节专门论述此问题，在此不再赘述。另外关于瓿的功用，张先生只是列举了其他人的意见与看法，对于瓿究竟为何用，在文章中没有说明。

这一时期还有许多涉及青铜瓿研究的文章：张懋镕先生的《试论中国古代青铜器器类之间的关系》[④]一文，探讨了瓿与罍的关系，认为二者的主要区别在于罍高而瓿矮，瓿是由罍派生出来的一类酒器；陆建初在《古陶瓷识鉴讲义》[⑤]一文，举出《博古图》中的方斜、鱼、蟠螭、饕餮等式样的青铜瓿，认为这些器物先师于仿古陶遗意，即青铜瓿始出陶器；杨晓能撰文《另一种古史：青铜器纹饰、图形文字与图像铭文的解读》[⑥]，将出现在青铜瓿内底的龟形图案列举出来，认为这些图像铸在常规铭文部位，但占据的面积较小，而且都在青铜瓿的内底，的确引人思考，如伦敦大英博物馆所藏青铜瓿、巴黎吉美博物馆所藏青铜瓿、河南省博物馆所藏青铜瓿等器物的内底均出现龟形图案。

除了以上几位先生的专门研究以外，中国台湾地区和日本方面的专家学者，也积极参与到关于青铜器的研究探讨之中，并结出了丰硕的成果。

我国近代考古学的奠基人——李济先生，在1972年撰文《殷墟出土伍拾叁件青铜容器之研究：殷墟发掘出土伍拾叁件青铜容器的形制和纹饰之简述与概论》[⑦]，将瓿

① 容庚、张维持：《殷周青铜器通论》，文物出版社，1984年。

② 容庚、张维持：《殷周青铜器通论》，文物出版社，1984年。

③ 郭宝钧：《商周铜器群综合研究》，文物出版社，1981年。

④ 张懋镕：《试论中国古代青铜器器类之间的关系》，《古文字与青铜器论集》第二辑，科学出版社，2006年。

⑤ 陆建初：《古陶瓷识鉴讲义》，学林出版社，2007年。

⑥ 〔美〕杨晓能著，唐际根、孙亚冰译：《另一种古史：青铜器纹饰、图形文字与图像铭文的解读》，生活·读书·新知三联书店，2008年。

⑦ 李济：《殷墟青铜器研究》，上海人民出版社，2008年，365～412页。

归入矮体圆肩瓿形器和高体方肩瓿形器。我们认为这种定名方法比较能反映瓿形器的演变规律，与文献记载大致符合。但需值得一提的是，他将一件矮体圆肩的乳钉雷纹瓿（安阳小屯M188，R2069）归入了甗形器，而并未归入瓿类器。此种分类，笔者认为欠妥。我们经过仔细观察分析，发现此器和其他矮体圆肩瓿唯一不同的地方在肩部的纹饰，无论高体还是矮体瓿，均颈部饰有弦纹，而此器颈部饰蕉叶纹，直口略侈，颈部和肩部浑然一体。但仅此区别并不是将其归入甗形器的理由，此器的形态特征完全符合瓿的典型特征，属于矮体圆肩瓿，且《中国青铜器全集》3-71也将此器列为瓿类，称之为百乳雷纹瓿，年代定为商代晚期。

"故宫博物院"编辑委员会编撰、陈芳妹主编的《"故宫"商代青铜礼器图录》[①]一书，共收集了商代具有各个地区特色的青铜瓿7件，除了精美清晰的器物图片外，还附有器物局部的X光照片，并且瓿的细节部位都有清晰照片，每件器物的纹饰、风格特点都有详细记录和具体描述。

日本著名学者林巳奈夫著《殷周青铜器综览》[②]一书，在第一卷"殷周时代青铜器之研究"中将瓿归为盛酒（水、羹）器，和尊、鸟兽尊、方彝、卣、罍、壶、钫、方壶、缶、甗、釜等归为一类器；梅原末治在《古铜器形态之考古学的研究》中将铜器纯粹以形式分类，分为十三类，将瓿归为第五类，即宽而横的器形：瓿、盥缶、釜。

总结中华人民共和国成立以后关于青铜瓿的研究成果，可谓硕果累累，成果卓著。简单可归纳为以下几点。

（1）研究材料空前增多，新材料层出不穷，使得大区域间的青铜瓿研究成为可能，新材料的大量涌现也使新的铜器分期断代方法以及断代体系得以建立，这期间具有标识性意义的铜器断代成果有邹衡的殷墟分期断代法，郑振香、陈志达对于殷墟青铜器的分期与断代，这些成果对后继学者研究青铜瓿提供了很重要的参考价值和借鉴作用。

（2）研究方法多样化。考古地层学、类型学方法的广泛应用，有力地推动了这一时期青铜瓿的研究，使得研究工作摆脱了传统金石学家以器物为本位的研究方法，转向了对器物背后的文化背景和文化交流等进行多方位、更深层次的思考和研究。

（3）台湾地区以及国外学者积极参与青铜瓿的研究工作，使得青铜瓿的研究范围进一步扩大，研究角度进一步深化，国际学术交流进一步加强，青铜瓿的研究走向了国际。

当然新时期的青铜瓿研究仍然存在一些不足，比如在对瓿的系统研究方面还比较薄弱，对瓿的定名与真正界定方面各个学者的观点不统一，20世纪70～80年代的考古发掘报告，有些属于瓿的，作者定名为罍，有些属于罍的定名为瓿。瓿与罍的区别与

① 陈芳妹：《"故宫"商代青铜礼器图录》，台北"故宫博物院"出版，1998年，380～397页。

② 〔日〕林巳奈夫：《殷周青铜器综览》，东京：吉川弘文馆，1984年。

差异、瓿和罍的关系界定也没有达成统一意见。对于瓿的功用仍然存在异议。还有瓿的发展演变情况、与其他器类的组合规律情况、使用该器物墓葬的级别等方面的研究还未进行。

以上为北宋至今一千多年以来青铜瓿的研究简况，前人取得的成就是巨大的。然而随着时代的进步、科学的发展，我们也不能忽视新的学术问题的出现，因此下文就以单个青铜瓿作为研究对象，通过对其发展演变脉络的梳理，进而分析探讨尚未解决的若干问题，此为研究目的所在。

第二章　青铜瓿的定名与功用

第一节　定　　名

青铜瓿没有自名，关于它的定名，学术界尚未形成统一看法。“瓿”字最早见于《说文》，《说文·瓦部》：“瓿，甂也。”又云：“甂，似小瓿，大口而卑，用食。”《方言》：“甂……自关而西谓之甂，其大者谓之瓯。”《玉篇》释甂曰：“小盆，大口而卑也。”又《说文》释瓯曰：“小盆也。”按以上文献所载，所谓瓿为形似甂而体较大，为大口而低矮的容器。宋代开始有关青铜瓿这类器物就见诸著录，但器形多有不同。最早关于青铜瓿的图录见于吕大临的《考古图》，该书卷五收龙纹瓿、兽环细纹瓿各1 件，吕氏释龙纹瓿之形曰：“不知何器。《说文》云：瓿，甂也，大口而卑，用食。疑为此器，姑以瓿名之。”

如绪论中所述，真正将商周青铜瓿罗列出来，形成我们现在普遍意义上的青铜瓿器形标准的人是宋代王黼。他在《博古图》卷二十中列举的方斜瓿（图2-1，1）[①]、鱼瓿、饕餮瓿均和我们今天所见到的瓿如出一辙。王黼在《博古图》中第一次对瓿的功用做了说明，即“若乃瓿所以盛醯醢之物固以状此”。

明胡文焕编《古器具名》收录1件蟠虬瓿，清梁诗正编《西清古鉴》，将3件罍形器定名为瓿。清王杰编撰《西清续鉴甲编》《宁寿鉴古》中有汉代瓿类器物和他定名的周蟠夔瓿。

对于青铜器的定名，一般学术界有以下几个原则：①有自名的一般要依据器物的自名；②宋代学者依据史籍和著录所做出的定名；③既无自名又无史籍著录者，可根据造型及功能用途来命名。

根据上述原则，虽然青铜瓿的命名符合第二条，即北宋金石学家吕大临为其命名为瓿，但吕氏所举的例子龙纹瓿和饕餮瓿都和我们现代意义上的商周瓿的形制相去甚远。我们在青铜瓿的定名问题上，以王黼所列6件瓿的形制为标准，作为本书研究对象的主流特征。结合主流瓿的普遍特征推定与其形制相同或相近似的器物的名称，再根据与之相同或相近的青铜瓿的形制构造来划定青铜瓿的典型器物特征，即判断标准。

圆肩瓿和折肩瓿的共同特征：

---

①（宋）王黼：《博古图》，清乾隆十八年天都黄晟亦政堂修补明万历二十八年吴万化宝古堂刻本影印。

（1）口部：一般口径接近于底径。

（2）颈部：无论短颈还是长颈，其颈部多饰有两周或三周弦纹。

（3）瓿足：一般为矮圈足或高圈足外撇，且大多数足部有十字或方形镂孔。

（4）最大尺寸：一般在腹部或肩部，即腹径或肩颈大于通高。

（5）整体：圆肩瓿颈、肩、腹、足之间均以一周凹槽隔开，形成颈、肩、腹、足四部分纹饰带；折肩瓿颈、肩部分以折沿分开，其余部分也以一周凹槽分开，形成颈、肩、腹、足四部分纹饰带。

综上所述，青铜瓿的整体典型特征为口大（相对于罍而言），宽矮，最宽处在肩部或腹部，有颈，颈部饰弦纹，圈足带镂孔且带有纹饰。灵宝东桥瓿（图2-1，2）①和黄陂鲁台镇瓿（图2-1，3）②就是圆肩、折肩瓿的典型代表。

1　　2　　3

图2-1　典型圆肩、折肩瓿

1. 方斜瓿　2. 灵宝东桥瓿　3. 黄陂鲁台镇瓿

第二节　青铜瓿的功用问题

在先秦的典籍中没有“瓿”这个字，“瓿”字第一次出现于《说文》。对于瓿的功用问题历来说法不一，笔者归纳了以下几种。

1. 食器说

《说文 · 瓦部》：“瓿，甂也。”又云：“甂，似小瓿，大口而卑，用食。”由此可见，当时瓿的功用是作为食器。《汉书 · 杨雄传》赞曰：“吾恐后人用覆酱瓿也。”颜师古注云：“瓿，小也。”宋吕大临《考古图》中，将瓿归入卷五杂食器类；王黼在《博古图》中第一次对瓿的功用做了说明，即“若乃瓿所以盛醢醢之物固以状此”，意为瓿是盛放酱料之物的容器所以是如此形状。明胡文焕编《古器具名》收录周蟠虬瓿1件，并在古器总说中说明了瓿的用途，“有瓿焉以具醢醢臡酱”，意思

① 国家文物局：《中国文物精华大辞典 · 青铜卷》，上海辞书出版社、商务印书馆联合出版，1995年，图版0147。

② 李建伟、牛瑞红：《中国青铜器图录》，中国商业出版社，2000年，第135页图3。

是用瓿作为盛醯醢䰞酱一类的容器[①]，《战国策》“夫鼎者非效壶醯酱瓿耳”，均同《说文》释义是一致的，即做盛放肉酱一类的食器之用。

2. 酒器说

福开森在《历代著录吉金目》[②]中将瓿归为酒器中的第一类，即盛器；马承源先生在《中国青铜器》中将瓿归入酒器；朱凤瀚先生在《中国青铜器综论》中，将酒器分为温酒器、盛酒器和饮酒器三大类，将瓿归为盛酒器类；岳洪彬《殷墟青铜礼器研究》中也将瓿归为酒器；日本学者林巳奈夫著《殷周青铜器综览》一书，在第一卷“殷周时代青铜器之研究”中将瓿归为盛酒器。张昌平先生也认为青铜瓿这类器物腹腔较大、出口较小的形制特征，可将其视为酒器[③]。杜迺松在《中国青铜器发展史》[④]中将其归入酒器。

3. 水器说

杜迺松《中国古代青铜器简说》[⑤]中将瓿归为水器类。

4. 杂器说

容庚《商周彝器通考》中，将瓿归为杂器类。

笔者以为，任何一种器物的功用必然和这件器物的形制有很大关系。仔细观察瓿的形制，有高体或者矮体，口部大，腹部亦宽大，高圈足带有镂孔，整体宽矮，既适合盛装大量液体，又适合用斗之类的器物从中挹取。加之制作精美，是青铜器中的重器，因此在重酒习俗十分浓重的商代社会中，它作为水器的功能似乎较小，作为酒器的功能应当更多一些。它流行的时间就在商代，在商人重酒的传统中，瓿的体型毫无疑问比较适合盛酒。也许到了汉代瓿的功能转化为食器，盛放醯醢䰞酱之类，而且由于功能发生了变化，随之其名称也变为缶或者罐一类的器物也未可知。

第三节　相关资料的勘误

根据前面章节对瓿的基本形态特征的归纳和定名标准，笔者发现除了《博古图》《古器具名》《西清古鉴》《西清续鉴甲编》《西清续鉴乙编》《宁寿鉴古》这些古

① 李济：《记小屯出土之青铜器》（上篇），《中国考古学报》第三册，1948年。
② 福开森：《历代著录吉金目》，商务印书馆，1939年。
③ 张昌平：《商代铜瓿概论》，《长江流域青铜文化研究》，科学出版社，2002年。
④ 杜迺松：《中国青铜器发展史》，紫禁城出版社，1995年。
⑤ 杜迺松：《中国古代青铜器简说》，紫禁城出版社，1995年。

籍中出现了一些定名混乱、断代不详的瑕疵之外，近、现代的一些期刊以及海外著录中也出现了一些关于瓿、罍、尊定名混乱的现象，现在一一列举，并重新界定清楚。

《博古图》卷二十中共收录瓿8件，其中蟠虬瓿一（图1-9，1）和蟠虬瓿二（图1-9，2）不属于瓿。另外，在卷七尊属中有一件三兽饕餮尊（图2-2，1），侈口、直颈，颈部饰两道弦纹，肩部饰三兽首，肩、腹、圈足饰有三道排成直线的扉棱，器形宽矮，腹径12.2寸，大于通高9.8寸，实则为瓿，作者在书中叹其“形如瓿”；在罍属中有麟凤百乳罍（图2-2，2）、饕餮罍（图2-2，3），两件器物从形制特征上也应很接近瓿，而且各项尺寸均符合瓿的标准，作者称其为罍，但又叹其容量仅为罍的五分之一，应归瓿①。因此《博古图》中著录的瓿共有9件。

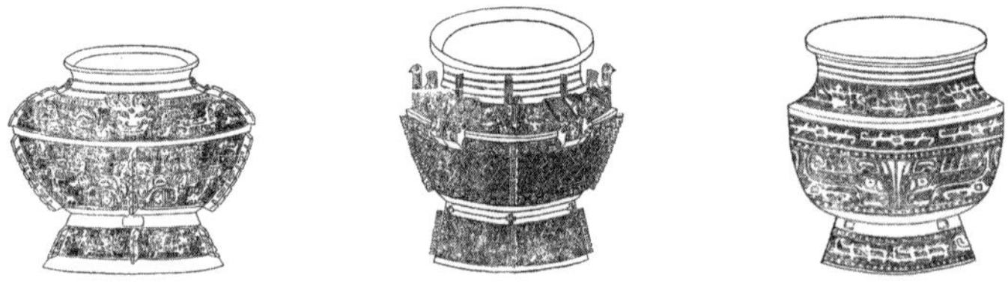

1　2　3

图2-2　《博古图》中定名为尊或罍的瓿

1. 三兽饕餮尊　2. 麟凤百乳罍　3. 饕餮罍

《古器具名》中收录的蟠虬瓿（图2-3，1），根据器物形制特征，这件器物并不是瓿。另外，在《古器具名》罍属中收录有一件麟凤百乳罍（图2-3，2），应属于瓿类②。因此，《古器具名》中属于瓿器的只有被作者归入罍属的麟凤百乳瓿。

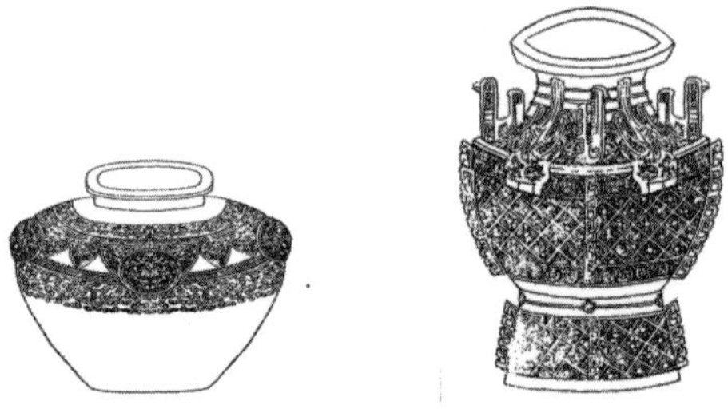

1　2

图2-3　《古器具名》中定名有误的器物

1. 蟠虬瓿　2. 麟凤百乳罍

① （宋）王黼：《博古图》卷七，清乾隆十八年天都黄晟亦政堂修补明万历二十八年吴万化宝古堂刻本影印，一六、二八、三十。

② （明）胡文焕：《古器具名》卷上，明万历自刻本，三一、六。

《西清古鉴》卷三十四①收录青铜瓿30件，其中真正符合瓿典型器物特征的只有5件，分别为周饕餮瓿2（图1-4，1、2）、周兽鼻瓿（图1-4，3）、周山纹瓿（图1-4，4）、汉山纹瓿（图1-4，5）。其中前三件圆肩瓿，侈口、宽矮，颈部饰弦纹，分肩、颈、腹、足四部分纹饰带，均是圆肩瓿的典型特征；后两件折肩瓿，和上海博物馆藏的一件折肩瓿②类似，确为瓿。而其余的25件，即周夔龙瓿、周蟠夔瓿、周蟠虺瓿2、周夔纹瓿、周蚕纹瓿、周绳耳瓿、周素瓿、汉兽环瓿7、汉兽耳瓿4、汉三鹰瓿、汉星纹瓿、汉素瓿4均不是瓿。

《西清续鉴甲编》③卷十六·一二至二五收录青铜瓿14件，其中属于瓿的有3件，分别为周蟠虺瓿、周云雷瓿、汉雷纹瓿。而其余周饕餮瓿、周蟠虺瓿、周弦纹瓿、周素瓿、汉蝠瓿、汉兽环瓿2均不是瓿。

《西清续鉴乙编》④卷十六（图五，17～43）收录瓿28件。其中，除了饕餮瓿（图1-5，4）确定为瓿外，其余的国差瓿、盘云瓿、蟠夔瓿、夔纹瓿、弦纹瓿、兽耳瓿、素瓿、饕餮瓿、夔纹瓿2、螭纹瓿、环耳瓿、三足瓿等均不是瓿。

清王杰编撰的《宁寿鉴古》⑤卷十三中所收录的瓿皆不属于瓿。周环云瓿、周蟠夔瓿、汉乳瓿、汉兽环瓿、汉素瓿、唐涂金瓿、周雷纹瓿，前六件瓿实则为罍，最后一件为壶。

《参加伦敦中国艺术国际展览会出品图说（铜器）》中收录的2件罍，饕餮纹罍（图2-4，1）和乳钉罍（图2-4，2），从器形上看实则为典型的瓿⑥。

1

2

图2-4　《参加伦敦中国艺术国际展览会出品图说（铜器）》中定名有误的器物

1. 饕餮纹罍　2. 乳钉罍

① （清）梁诗正：《西清古鉴》卷三十四，光绪十四年辽宋书馆铜版影印本，乾隆十四年敕编。

② 陈佩芬：《夏商周青铜器研究·夏商篇》，上海古籍出版社，2004年，图版一七三。

③ （清）王杰：《西清续鉴甲编》，宣统三年涵芬楼石印宁寿宫写本影印本，乾隆五十八年敕编。

④ （清）王杰：《西清续鉴乙编》，宣统三年涵芬楼石印宁寿宫写本影印本，乾隆五十八年敕编。

⑤ （清）王杰：《宁寿鉴古》，民国二年涵芬楼依宁寿宫写本石印本。

⑥ 伦敦中国艺术国际展览会筹备委员会：《参加伦敦中国艺术国际展览会出品图说（铜器）》，商务印书馆，1948年，39、41。

《商周彝器通考》（下编）中收录20件瓿，其中有8件器物象鼻纹瓿、饕餮纹鸟盖方瓿、瓿、蟠虬鳞纹瓿、圆涡蟠虬纹瓿、圆涡蟠虬纹两耳瓿、斜方格纹瓿、圆涡蟠虬纹瓿（图2-5，1~8）[①]虽命名为瓿，实际上并不是瓿。其中真正属于瓿的有12件，分别为牺首饕餮纹瓿、牺首饕餮纹有盖瓿、饕餮夔纹有盖瓿、斜方格雷乳纹瓿、饕餮目雷纹瓿、勾连雷纹瓿、勾连雷纹瓿二、目雷鱼纹瓿、蛙鱼纹瓿、饕餮纹瓿、侯瓿和勾连雷纹连耳瓿。

图2-5　《商周彝器通考》中定名有误的器物

1. 象鼻纹瓿　2. 饕餮纹鸟盖方瓿　3. 瓿　4.蟠虬鳞纹瓿　5.圆涡蟠虬纹瓿

6. 圆涡蟠虬纹两耳瓿　7. 斜方格纹瓿　8. 圆涡蟠虬纹瓿

日本泉屋博古馆1971年编纂的《新修泉屋清赏》中收录了7件瓿，其中2件饕餮虺龙纹瓿（图2-6，1）（其通高大于腹径）、蟠虺纹瓿（图2-6，2）并不是瓿[②]，而是罍。其余牺首夔龙饕餮纹大瓿（日本根津美术馆藏）、虺龙饕餮纹瓿、牺首饕餮纹瓿、夔龙方斜雷纹瓿、饕餮回雷纹瓿均为瓿无疑。

---

① 容庚：《商周彝器通考》（下编），哈佛燕京学社，1941年，八九八、八九九、九〇二~九〇七。

② 梅原末治：《新修泉屋清赏》，泉屋博古馆，1971年，图版一八、图版二一。

1　　2

图2-6　《新修泉屋清赏》中定名有误的器物

1. 饕餮虺龙纹瓿　2. 蟠虺纹瓿

1953年嘉山县泊岗出土的兽面纹罍（图2-7，1）[①]，实为典型的圆肩瓿。

1965年藁城台西出土兽面纹罍（图2-7，2）[②]，实为典型的圆肩瓿。

1974年灵宝东桥出土罍[③]，实为圆肩兽面纹瓿，《全集》也将其称为瓿。

1977年平谷刘家河出土兽面纹罍（图2-7，3）[④]，通高26.8、腹径29.5厘米，实为典型的折肩瓿。

1979年郾城拦河潘两件原报道称罍（图2-7，4）[⑤]的器物，一件通高24.3、腹径74厘米，另一件通高26.6、腹径69.5厘米，其宽矮的外形，颈、腹、圈足三周纹饰带，完全符合瓿的标准。因此这两件罍应该称为瓿。

1989年江西新干大洋洲出土四羊首罍（图2-7，5）[⑥]，实为四羊首瓿。

1991年黄陂鲁台镇出土的兽面纹罍[⑦]，其通高26.4、口径23.5、腹径32.5厘米，体型宽矮，和罍相去甚远，这是一件典型的带扉棱的折肩瓿。

1992年黄州下窑嘴出土三羊首罍（图2-7，6）[⑧]，实为三羊首瓿。

除以上之外，还有3件明显和瓿形制完全不同类的但称之为瓿的器物。

（1）镂孔瓿。腹部、周身为镂孔。邛县（现邛州市）火石埠刘林古墓出土瓿（图

---

① 葛治功：《安徽嘉山县泊岗引河出土的四件铜器》，《文物》1965年第7期。

② 河北省文物管理处台西考古队：《河北藁城台西村商代遗址发掘简报》，《考古》1973年第1期。

③ 河南省博物馆：《河南灵宝出土一批商代青铜器》，《考古》1979年第1期。

④ 北京市文物管理处：《北京市平谷县发现商代墓葬》，《文物》1977年第1期。

⑤ 孟新安：《郾城县出土一批商代青铜器》，《考古》1987年第8期（只有一件罍的图，另一件未见图）。

⑥ 江西省文物考古研究所：《新干商代大墓》，文物出版社，1997年。

⑦ 黄锂、况红梅：《近年黄陂出土的几件商周青铜器》，《江汉考古》1998年第4期。

⑧ 吴晓松、董子儒：《湖北省黄州市下窑嘴商墓发掘简报》，《文物》1993年第6期。

1

2

3

4

5

6

图2-7 期刊中定名有误的器物

1. 嘉山县泊岗兽面纹罍 2. 藁城台西兽面纹罍 3. 平谷刘家河兽面纹罍 4. 郾城拦河潘罍 5. 新淦大洋洲四羊首罍 6. 黄州下窑嘴三羊首罍

2-8，1）①，内有一件器胆，外加器身，除口缘、颈部，底部外余均透空，如同绳索结成的形状，系用铜条编结加焊而成。器身分上下两半，原也焊合在一块，因在土中年久，接口处氧化生锈，以致分开，上下两半交接处原有相对的两个兽首衔环，现已缺失其一。口径5、通高7厘米。此类瓿在商代没有出现，刘林为西汉人，镂孔瓿出现在西汉的墓葬中，全国目前只发现此一件。

（2）乳钉纹瓿。《海外遗珍》第143页收录的一件瓿（图2-8，2），高22.86、口径19.36厘米，美国旧金山亚洲艺术馆藏。

以上两件器物，笔者认为镂孔瓿的口偏小，没有圈足，这件器物形制特征和商代主流瓿的基本特征相去甚远，因此对于它的定名还有待进一步商榷。而乳钉纹瓿广肩小口，较为像罍。

1

2

图2-8 特殊类型的瓿

1. 镂孔瓿 2.乳钉纹瓿

① 南京博物院、南京市文物保管委员会、江苏省文物管理委员会、江苏省博物馆：《江苏省出土文物选集》，文物出版社，1963年。

第三章　青铜瓿的类型学分析

第一节　青铜瓿的型式划分依据

截至目前，在国内外已发表了162件青铜瓿材料，其中墓葬出土66件，传世品96件（附表2、附表3）。

对于青铜瓿的类型学划分，有马承源先生的八式分法①，即敛口广折肩宽腹式、敛口短颈圆肩宽腹式、敛口广肩宽腹式、敛口短颈广折肩高体式、大口广折肩宽体式、敛口圆肩低体式、敛口圆肩扁体式、敛口短颈广肩双耳扁腹式。朱凤瀚先生将肩部是否有耳作为划分标准，将青铜瓿分为有耳瓿和无耳瓿②；赵丛苍先生将肩部形态作为划分标准，将瓿分为圆肩瓿和折肩瓿③；也有马今洪的六式分法④，另外张昌平对瓿的形态也采取圆肩、折肩两分法⑤，但具体做法是以纹饰和装饰的不同来划分，跟赵先生的划分又有所不同；岳洪彬以铜瓿的最大腹径在何部位，将铜瓿划分为三型⑥。笔者在前人型式分析的基础上，综合青铜瓿形制和装饰特征进行型式划分。

第二节　青铜瓿的型式划分

笔者以全部出土的铜瓿和部分照片清楚的传世铜瓿作为研究对象，根据肩部形态将铜瓿大体划分为甲、乙两大类，即甲类折肩瓿、乙类圆肩瓿。根据纹饰和装饰的特点，每种类型又划分为若干亚型。

一、甲　类　瓿

折肩瓿，肩部有明显的折沿，最宽处一般在肩部，肩部以下斜收至圈足。根据肩、腹、圈足部是否装饰有扉棱、肩部是否饰浮雕兽首，以及折棱的位置可分A、B、

---

① 马承源：《中国青铜器》，上海古籍出版社，2003年。

② 朱凤瀚：《中国青铜器综论》，上海古籍出版社，2009年，218页。

③ 赵丛苍：《城洋青铜器》，科学出版社，2006年。

④ 马今洪：《试论青铜瓿》，《上海博物馆集刊》，上海书画出版社，2000年，98～119页。

⑤ 张昌平：《商代铜瓿概论》，《长江流域青铜文化研究》，科学出版社，2002年，100页。

⑥ 岳洪彬：《殷墟青铜礼器研究》，中国社会科学出版社，2006年。

C、D四型。

A型　长颈，方唇，折沿，折肩，腹呈弧形，略呈扁圆体。通体纹饰以兽面纹、雷纹、夔龙纹等平面纹饰为主，个别器物腹部或肩部有乳钉，但一般肩部无浮雕兽首，肩部、腹部、圈足无扉棱等立体装饰。根据器形演变特征，又分为二式。

图3-1　甲类A型Ⅰ式瓿
黄州下窑嘴兽面纹瓿

Ⅰ式：长颈，方唇，折沿，折肩，腹呈弧形，略呈扁圆体。

标本：1992年湖北黄州下窑嘴兽面纹瓿（图3-1）①，直口，侈沿，厚方唇，短颈，折肩，扁圆腹，圜底，圈足，上有3个长方形镂孔。肩部、圈足各饰目雷纹一周，腹部饰目雷纹及兽面纹。高23、口径18.4、圈足径16.2厘米。二里冈上层时期。

Ⅱ式：颈部比Ⅰ式稍短，圈足镂孔变小，其余形制和Ⅰ式较为接近。

标本一：1979年河南郾城拦河潘瓿（原报道称罍）（图3-2，1）②，其一，方唇，直领，折肩，腹微鼓，圈足。颈部饰两道凸弦纹，肩部饰一道目雷纹，上下边饰圈带纹，腹上部饰一道目雷纹，腹下部饰兽面纹和目雷纹各三组。相间排列成一道环形带，圈足饰兽面纹一周。通高24.3、口径16.9、腹径74、底径15厘米，重3.6千克。其二，口沿向外平折，深腹，高圈足，圈足上部有距离相等的三个十字形镂孔。颈部饰两道凸弦纹，肩部饰云纹，可分六组，上下边各饰一道凸弦纹，腹部饰兽面纹三组，上下各饰一条圈带纹，圈足饰一条凸弦纹。高26.6、口径15、腹径69.5、底径13厘米，重2.5千克。两件同时出土，同属于殷墟一期早段。

标本二：1953年安徽嘉山县泊岗兽面纹瓿（图3-2，2）③。大口，肩向外凸出，腹微敛，圈足略小于口，肩、腹、圈足均饰兽面纹。其中器腹的兽面纹又分为上下两组。高27、口径23.5、腹径32.3、底径21.5厘米。殷墟一期早段。

标本三：1965年陕西汉中城固五郎庙兽面纹瓿1965CHWT：1（图3-2，3）④。方唇，高颈，肩部微耸，肩和腹分界明显，微鼓腹，腹下部弧收至底，圈足稍外撇，足壁微外鼓。肩部上下各饰有一周由九个首尾相向大变形夔纹组成的纹饰，两组装饰的夔纹变化有一定差异；腹中下部设置三道等距离竖扉棱，两边各有一个凸目、细身的夔纹，两夔相对，以扉棱作鼻梁而组成的兽面纹。在所装饰的主纹空隙，均填有云雷

---

① 吴晓松、董子儒：《湖北省黄州市下窑嘴商墓发掘简报》，《文物》1993年第6期，56、60页。

② 孟新安：《郾城县出土一批商代青铜器》，《考古》1987年第8期。

③ 葛治功：《安徽嘉山县泊岗引河出土的四件商代铜器》，《文物》1965年第7期。

④ 赵丛苍：《城洋青铜器》，科学出版社，2006年，图版四九。

纹。通高27.6、口径24.2、腹径32.8、圈足径22.7厘米，重6.796千克。殷墟一期早段。

1　　2　　3

图3-2　甲类A型Ⅱ式瓿

1. 郾城拦河潘瓿　2. 嘉山县泊岗兽面纹瓿　3. 城固五郎庙兽面纹瓿1965CHWT：1

B型　肩部出现浮雕兽首、肩腹出现扉棱，有些器物甚至圈足也出现扉棱，形成肩、腹、圈足一条直线的扉棱，纹饰及装饰较A型更为繁复、立体。根据肩部扉棱、兽首以及腹部扉棱，将B型分为三式。

Ⅰ式：肩、腹部均饰有扉棱。

标本：1991年黄陂鲁台镇出土的兽面纹瓿（图3-3）①。折沿，直颈，折肩，腹壁斜直，圈足。肩、腹设勾曲形棱脊。颈饰弦纹两道，肩饰变形龙纹，腹上部与圈足饰目雷纹。腹饰兽面纹，两侧配置鸟首纹，兽面纹用粗线勾勒轮廓，余饰雷纹。高26.7厘米。殷墟一期早段。

Ⅱ式：除了肩、腹、足设棱脊外，肩部置有浮雕兽首。

标本：平谷刘家河三羊首瓿（图3-4）②。殷墟一期晚段。

Ⅲ式：形制和Ⅱ式接近，只是年代较Ⅱ式偏晚。

图3-3　甲类B型Ⅰ式瓿

黄陂鲁台镇兽面纹瓿

图3-4　甲类B型Ⅱ式瓿

平谷刘家河三羊首瓿

① 黄锂、况红梅：《近年黄陂出土的几件商周青铜器》，《江汉考古》1998年第4期。

② 北京市文物管理处：《北京市平谷县发现商代墓葬》，《文物》1979年第11期。

标本一：1973年江苏江宁三羊首瓿（图3-5，1）[①]。折沿，短颈，折肩，腹壁较直。底略圜，圈足。肩置三个羊角形高浮雕兽首，肩、腹、足设勾曲形棱脊，肩饰鸟纹，腹饰兽面纹，两侧配置鸟纹，圈足饰目雷纹。高28.7、口径24厘米。殷墟二期早段。

标本二：上海博物馆藏的四羊首乳钉雷纹瓿（图3-5，2）[②]。折沿，广肩，宽腹，圈足较高。设四个大方孔，肩上设四个大卷角羊首，羊首左右配置有弯角长嘴龙，角部均有麟纹，以此为一组纹饰，每组之间有一棱脊状的立鸟。腹上沿饰涡纹和四瓣目纹一一相间，腹部饰乳钉雷纹。圈足下沿饰外卷角兽面纹，体躯向两侧展开，并以雷纹为地纹。高38.8、口径31.6、底径29.1厘米，重14.24千克。殷墟二期早段。

标本三：1952年河南安阳出土的兽面纹瓿（图3-5，3）[③]。敛口，方唇，宽肩，圈足。颈饰弦纹，肩饰变形兽面纹和连珠纹，并间以三兽首和三扉棱，腹饰兽面纹和连珠纹亦有三较小扉棱，圈足饰兽面纹和连珠纹，有三个镂孔。殷墟二期早段。

1　　2　　3

图3-5　甲类B型Ⅲ式瓿

1. 江苏江宁三羊首瓿　2. 上海博物馆藏的四羊首乳钉雷纹瓿　3. 安阳兽面纹瓿

另外，故宫博物院藏三羊首瓿[④]，《商周彝器通考》著录的编号891斜方格雷乳纹瓿[⑤]均属于此类型。

C型　7件（出土7件）。在甲类折肩瓿中还存在一类地方特色显著的器形，颈部比A型Ⅱ式和B型Ⅰ、Ⅱ式更长，兽首更为立体，具体表现为兽角外卷，兽角上面底纹清晰，兽嘴圆鼓，而之前的瓿的兽首角为圆形平面状，上面没有纹路，兽嘴没有立体感。因此将这一部分地方特色明显的折肩瓿称为C型。根据其肩部是否设置扉棱又分为四式。

① 《中国青铜器全集》编辑委员会：《中国青铜器全集·4》，文物出版社，1998年，图版九六。

② 陈佩芬：《夏商周青铜器研究·夏商篇》，上海古籍出版社，2004年，图版一八〇。

③ 《河南出土商周青铜器》编辑组：《河南出土商周青铜器》，文物出版社，1981年。

④ 《中国青铜器全集》编辑委员会：《中国青铜器全集·4》，文物出版社，1998年，图版4-97。

⑤ 容庚：《商周彝器通考》，哈佛燕京学社，1941年，图版891。

Ⅰ式：长颈，方唇，折沿，折肩，腹呈弧形，略呈扁圆体。

标本：1964年陕西城固五郎庙兽面纹瓿（1964CHWT：1，图3-6，1）①。斜沿方唇，颈较高，斜折肩，斜直腹壁，腹下内收，圈足较高，足上有三个方形镂孔等距离分布。颈部饰二道凸弦纹，肩饰目雷纹，腹饰菱形雷纹，圈足下饰一周连作的雷纹，带有镂孔。通高24、口径20、腹径26.8、腹深17、圈足径16.6厘米，重3.601千克。殷墟一期早段。

Ⅱ式：肩、腹、足设棱脊，肩部置有浮雕兽首。

标本：1989年江西新干大洋洲出土的四羊首瓿（图3-6，2）②。口微侈，斜折沿，颈稍高而略收，宽折肩，深腹宽体，高圈足。颈饰三道弦纹，肩部等距分置四个弯角羊首，间饰四组兽面纹，腹饰双目巨大的分解式兽面纹，纹饰线条作粗圆体凸起，底饰雷纹，圈足饰两道弦纹，下饰兽面纹，在兽面纹两侧上蜷的躯体下各附饰一个圆睛鸟首。高60.5、口径40.8厘米。殷墟二期早段。

Ⅲ式：肩部扉棱较Ⅱ式更加立体、生动。

1　2　3　4

图3-6　甲类C型Ⅰ、Ⅱ、Ⅲ、Ⅳ式瓿

1. 城固五郎庙兽面纹瓿1964CHWT：1　2. 江西新干大洋洲四羊首瓿　3. 岳阳舫鱼山兽面纹瓿　4. 1991年陕西泾阳高家堡叉瓿

① 赵丛苍：《城洋青铜器》，科学出版社，2006年，图版四八。

② 江西省文物考古研究所：《新干商代大墓》，文物出版社，1997年，彩版一九。

标本：1982年湖南岳阳舫鱼山出土兽面纹瓿（图3-6，3）[①]。方折沿，直颈较长，折肩，深腹，直壁，高圈足，肩上有四个鸟形出脊，肩、腹部置四个凸出的兽首，腹、圈足各置四条勾曲形棱脊。颈饰三道弦纹，肩部饰龙纹，腹上部饰一周火纹与变形四瓣目纹，腹部每两条棱脊间一组兽面纹，两侧配置倒立龙纹。下饰鱼纹，圈足饰兽面纹。高50、口径26.2厘米。和此式类似的还有四川广汉三星堆2号坑出土的四羊首瓿即K2：159瓿，此瓿除了肩部等距离设置有立体羊首之外，还在每羊首之间装饰立体的鸟形扉棱。造型生动，惟妙惟肖。殷墟二期晚段。

Ⅳ式：出土 1 件。直筒形。

标本：1991年陕西泾阳高家堡出土的又瓿（图3-6，4）[②]，直口，长直颈，接近筒形，斜肩，肩与腹呈近90º折角，最大径在肩部，深腹，下腹弧形内收，圜底，矮圈足，颈部和腹上部饰一周四组鸟纹，中间隔扉棱，两两相对，肩腹交界处装饰有四个高浮雕兽首。下腹饰四个兽面纹，圈足饰两周凸弦纹，器底内壁铸一“又”字铭文。西周早期。

D型　折腹瓿，即在青铜瓿的腹部折为一圈分界线，肩与腹交界处形成明显折棱，肩部斜直收至腹部，腹部斜收至圈足，器物最宽处在肩、腹交界处，腹部和肩部均装饰斜方格乳钉纹。根据肩部是否有浮雕兽首和肩腹部是否有纹饰可分为三式。

Ⅰ式：肩、腹部有纹饰及乳钉纹。

标本：1994年自香港征集的一件瓿（图3-7）[③]，肩部饰卷尾鸟纹，上下栏各有一道连珠纹，腹部主题饰乳钉雷纹，下腹无纹饰。这种情况在瓿上很少见，可能是折腹过大，下部不易使人见到，因此就省略了。圈足下部饰雷纹一周，上沿以连珠纹为栏，有方形镂孔。殷墟一期晚段。

Ⅱ式：除了肩、腹部纹饰和乳钉纹外还设置了高浮雕的兽首。

标本：美国旧金山亚洲艺术博物馆收藏的一件类似的青铜瓿（图3-8）[④]，在肩部设置了高浮雕的蛙，并饰龙纹和鱼纹，腹身饰乳钉纹。殷墟二期早段。

Ⅲ式：出土1件。素面。

标本：1975年殷墟西区M355：5瓿（图3-9，1）[⑤]。侈口，直领，肩外鼓，收腹，圈足，素面，底有铭文。此器折棱在肩部与腹部之间，肩部短于腹部，与以上两器有所差别，形制比较特殊。高12.4、口径13厘米。殷墟三期。

---

① 湖南省博物馆：《湖南出土殷商西周青铜器》，岳麓书社，2007年，128页。

② 泾阳县博物馆：《泾阳高家堡出土青铜器》，《文博》1997年第5期。

③ 陈佩芬：《夏商周青铜器研究·夏商篇》，上海古籍出版社，2004年，图版一七三。

④ 《中国青铜器全集》编辑委员会：《中国青铜器全集·4》，文物出版社，1998年，图版一〇九。

⑤ 中国社会科学院考古研究所安阳工作队：《1969—1977年殷墟西区墓葬发掘报告》，《考古学报》1979年第1期。

图3-7　甲类D型Ⅰ式瓿

1994年自香港征集的瓿

图3-8　甲类D型Ⅱ式瓿

美国旧金山亚洲艺术博物馆收藏的青铜瓿

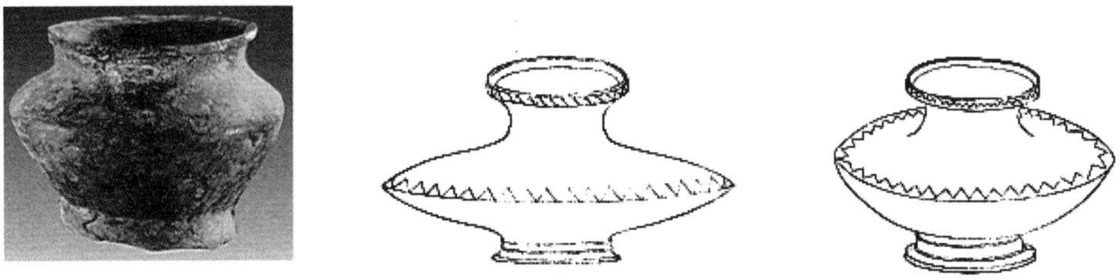

1　2　3

图3-9　甲类D型Ⅲ式瓿

1. 殷墟西区M355：5瓿　2. 周山纹瓿　3. 汉山纹瓿

另外，《西清古鉴》卷三十四，周山纹瓿（图3-9，2）、汉山纹瓿（图3-9，3）均为典型折腹瓿。

二、乙　类　瓿

圆肩瓿，占青铜瓿总数的77%，是折肩瓿的4倍多。其器形特征为口微侈，短颈，圆肩，圆鼓腹，肩部与腹部浑然一体，形成流畅的圆弧线，腹部宽圆，矮圈足。各瓿形制大体相似，一般都设有镂孔，但在纹饰、装饰上面的手法依然各不相同，依据其差异又分为三型。

A型　此类青铜瓿的最大腹径在肩部，腹壁斜直或略呈弧形，器腹纵剖面呈上大下小的梯形，自圆肩部斜收至圈足。根据其肩部是否装饰兽首又分为三式。

Ⅰ式：纹饰为兽面纹、雷纹等平面纹饰，偶有乳钉纹，肩部无浮雕兽首等装饰。其他特征如方唇、折沿，圆肩微折，底近平，高圈足。

标本一：1965年藁城台西M21瓿C：6（图3-10，1）[①]，口微侈，缩颈，鼓腹，高

① 《中国青铜器全集》编辑委员会：《中国青铜器全集·4》，文物出版社，1998年，图版一〇〇。

圈足，肩、腹、足分铸图案三组，每组图案都由凸弦纹、雷纹和兽面纹等组成，严谨而大方。高18.3、口径17.7、足径17.5厘米。殷墟一期早段。

标本二：1974年灵宝东桥瓿（图3-10，2）[①]。侈口，宽肩，鼓腹，圈足。颈部饰两道弦纹，肩部饰连珠纹和夔纹，腹部饰兽面纹和连珠纹。圈足饰夔纹、弦纹，并有三个镂孔。通高20.6、口径17.6、底径18.5厘米。殷墟一期早段。

标本三：洋县马畅安冢1990YMAT：2（图3-10，3）[②]，乳钉纹瓿。方唇，矮颈，腹凸鼓，斜直圈足，足上等距有三个方形或不规则形的镂孔。口沿下饰二道凸弦纹，肩腹间有一道凹下的条带，肩部以两周连珠纹作为上下界，其间饰头尾相向的十二个夔纹，间隙填以云雷纹。腹部饰菱形纹，内饰乳钉纹，以云雷纹填底。肩、腹上沿饰一周连珠纹。足下饰云雷纹。制作精美，铜色灰白。通高23.6、口径22.7、腹径32.8、腹深19.3、圈足径19.6厘米，重4.179千克。殷墟一期早段。

标本四：江西南昌老福山西汉木椁墓出土的兽面纹瓿（图3-10，4）[③]。敛口，圆肩，高圈足。颈部饰弦纹，肩、腹部均以云雷纹为地，肩部饰五条夔纹，腹部饰兽面纹。圈足下饰一圈云雷纹，并有三个长方形镂孔。高21、口径20、腹径30、底径18.5厘米。虽然此墓属于汉代，但出土的瓿早于墓葬年代，其所属年代应该是殷墟一期早段。

图3-10　乙类A型Ⅰ式瓿

1. 藁城台西M21瓿C：6　2. 灵宝东桥瓿　3. 洋县马畅安冢1990YMAT：2瓿

4.江西老福山西汉木椁墓兽面纹瓿

① 《中国青铜器全集》编辑委员会：《中国青铜器全集·4》，文物出版社，1998年。

② 赵丛苍：《城洋青铜器》，科学出版社，2006年，图版44。

③ 江西省文物管理委员会：《江西南昌老福山西汉木椁墓》，《考古》1965年第6期，图版3。

Ⅱ式：出土3件。和Ⅰ式器形类似，年代稍晚，当属前一阶段形制的遗留。

图3-11　乙类A型Ⅱ式瓿
清涧张家坬云雷纹瓿

标本：1964年清涧张家坬云雷纹瓿（图3-11）①。直口，圆肩，圈足上有三个方形镂孔，纹饰细密，颈部为弦纹，肩饰夔纹，腹部饰连珠纹镶边的勾连雷纹，圈足饰云纹。高24.5、口径21、腹深19.5厘米，重5.7千克。殷墟一期晚段。

符合乙类Ⅰ式瓿形制特征的还有《全集》1-135、上海博物馆藏瓿（《夏商周》图版一七四～图版一七八、图版一八一）、山西吕梁石楼镇桃花庄瓿②等。

Ⅲ式：肩部饰有浮雕兽首，肩、腹部或圈足饰有扉棱，肩、腹部饰乳钉纹，以上三种装饰或单独或组合出现。与Ⅰ式不同的是，此类瓿出现了立体纹饰。其他形制特征如方唇，折沿，圆肩微折，底近平，高圈足，颈饰两周凸弦纹，与Ⅰ式相似。

标本一：1934年安阳西北岗HPKM1001出土的R11021瓿（图3-12，1）③。短颈，颈部饰三周弦纹。肩部为九条夔龙纹，腹部主体纹饰为斜方格乳钉纹。圈足为一周连续勾连雷纹。高约20.3、口径约19.5、腹径约26.8厘米。殷墟二期早段。

标本二：忻县连寺沟出土的勾连雷纹瓿（图3-12，2）④。鼓腹，广肩，短颈，方唇，高圈足。颈饰三道凸弦纹，肩饰夔纹，腹饰勾连雷纹，圈足饰一条带形云纹，通高18厘米。殷墟二期早段。

标本三：绥德县墕头村三羊首瓿（图3-12，3）⑤。肩部高浮雕羊首三个，羊首之间附饰夔龙，腹部饰兽面纹和夔纹，均用细雷纹填地。圈足饰T形云纹一周。高32.5、口径24.5、腹深19.3厘米，重5.8千克。殷墟二期早段。

标本四：上海博物馆藏四羊首乳钉纹瓿（图3-12，4）⑥。折沿，短颈，肩宽而圆，鼓腹，圈足较高，上设四个方形镂孔。肩饰四个高浮雕羊首，两侧配置长鼻兽纹，腹上沿饰涡纹，腹部饰乳钉雷纹，圈足饰外卷角兽面纹。自肩至圈足均匀地分设四条棱脊，与肩部四个高浮雕羊首相呼应。高32.2、口径30.9、底径26.1厘米，重12.6千克。殷墟二期早段。

---

① 陕西省考古研究院：《陕北出土青铜器》第二卷，巴蜀书社，2009年，162页。

② 谢青山、杨绍舜：《吕梁石楼镇又发现铜器》，《文物》1960年第7期，51页。

③ 梁思永、高去寻：《侯家庄第二本·1001号大墓》，（台湾）历史语言研究所，1962年，313页。

④ 沈振中：《忻县连寺沟出土的青铜器》，《文物》1972年第4期，67页。

⑤ 黑光、朱捷元：《陕西绥德墕头村发现一批窖藏商代铜器》，《文物》1975年第2期。

⑥ 陈佩芬：《夏商周青铜器研究·夏商篇》，上海古籍出版社，2004年，图版一八一。

1　　2　　3　　4

图3-12　乙类A型Ⅲ式瓿

1. 安阳西北岗HPKM1001出土瓿　2. 忻县连寺沟勾连雷纹瓿　3. 绥德县堰头村三羊首瓿
4. 上海博物馆藏四羊首乳钉纹瓿

B型　B型器物的最大特点是圆鼓腹，相对于A类，最大腹径下移到中腹部。在出土的青铜瓿中，乙类B型瓿占总数的47.7%，是数量最多的器形。根据其纹饰、装饰和器形特点，可分为六式。

Ⅰ式：通体纹饰以兽面纹、夔纹、云雷纹等平面纹饰为主，无浮雕兽首、扉棱、乳钉纹等立体装饰，无器盖。此类器形一般口微敛，方唇，折沿，颈部相对较长，圆肩，深鼓腹，最大径在中腹部，矮圈足。

标本一：安阳小屯M232瓿（图3-13，1）①。颈部饰弦纹二周，圆肩为目雷纹连缀一周，目下有齿，以云雷纹及羽纹附排前后上下，编列极为繁密。腹部饰兽面纹，旁以较粗之羽纹及雷纹陪衬或填空；尾部上折，尾端卷曲；上下鳞肢及翅均图案化。圈足为S形纹连续一周。高21.4、腹径29.4、口径19.4厘米，重4.06千克，殷墟一期早段。

标本二：1990年洋县马畅安家1990YMAT：1瓿（图3-13，2）②。方唇，矮颈，腹圆鼓，斜直圈足，圈足上有三个方形或不规则形的等距离镂孔。口沿下饰两道弦纹，肩腹间有一道内凹的凹槽，肩部饰目雷纹一周，腹部饰云纹和列旗纹，组成变形夔纹，夔纹相向排列。铜体厚重，制作精良，纹路深且清晰，制作精美。通高31.8、口径25.2、腹径38.2、腹深26.9、圈足径24.7厘米，重13.868千克。殷墟一期早段。

① 《中国青铜器全集》编辑委员会：《中国青铜器全集·3》，文物出版社，1997年，图版七〇。

② 赵丛苍：《城洋青铜器》，科学出版社，2006年，图版三八。

1　　2

图3-13　乙类B型Ⅰ式瓿

1. 安阳小屯M232瓿　2. 洋县马畅安家1990YMAT：1瓿

Ⅱ式：14件（出土7件，传世7件）。形制和Ⅰ式较为接近，但年代较Ⅰ式晚。

标本一：1987年延川马家河勾连雷纹瓿（图3-14，1）①。口沿外侈，敛颈，高圈足，颈部近肩部饰两道弦纹，肩部饰夔龙纹，以云雷纹填地，上下以连珠纹间隔，夔纹上饰6枚乳钉，腹部饰一周瓦纹，其下为一周连珠纹。下腹为大云雷纹，以细小云雷纹填地。腹部近足处为素面，圈足饰斜角云雷纹一周。圈足有三个方形镂孔。高22.8、口径21.4、腹径32.4、镂孔高1.5厘米。殷墟一期晚段。

标本二：喀左高家洞勾连雷纹瓿（图3-14，2）②。直口，方唇内斜，束颈，圆肩，鼓腹，平底，矮圈足上有三镂孔。颈部饰两道凸弦纹，肩部以云雷纹为地，饰六组夔纹，肩腹之间有一周凹弦纹，腹饰勾连云雷纹带，圈足饰云雷纹带。高15、腹径23、口径14.5厘米。殷墟 期晚段。

标本三：安阳小屯YM188瓿（图3-14，3）③。颈部饰二周弦纹，圆肩饰一周窄条圈纹，腹部由九个勾连雷纹串联而成，每个勾连雷纹中填以目纹。以云雷纹填地。圈足由粗线云雷纹连接一周，上下均由平行周线间隔。高15.7、腹径23.4、口径14.5厘米，重3.1千克。殷墟一期晚段。

属于此类型的还有1959年吕梁县桃花庄出土的兽面纹瓿④、1994年安阳大司空村东南M7出土的94ASM7：21瓿⑤、1989年新干大洋洲瓿⑥、安阳殷墟徐家桥综合楼M1：1

① 师小群：《陕西延川出土商代青铜器》，《陕西历史博物馆馆刊》第10辑，三秦出版社，2003年。

② 辽宁省文物考古研究所：《辽宁喀左县高家洞商周墓》，《考古》1998年第4期，225页。

③ 安阳市文物工作队、安阳市博物馆：《安阳殷墟青铜器》，中州古籍出版社，1993年，图版八七。

④ 谢青山：《山西吕梁县石楼镇又发现铜器》，《文物》1960年第7期。

⑤ 中国社会科学院考古研究所：《殷墟新出青铜器》，云南人民出版社，2008年，306页。

⑥ 江西省文物考古研究所：《新干商代大墓》，文物出版社，1997年，73页。

瓿[①]、传世品上海博物馆藏瓿一七九等。

1　　2　　3

图3-14　乙类B型Ⅱ式瓿

1.延川马家河勾连雷纹瓿　2. 喀左高家洞勾连雷纹瓿　3. 安阳小屯YM188瓿

Ⅲ式：共17件（出土5件，传世12件）。出现了两种形制：一种接近Ⅱ式，圆肩，鼓腹，最大腹径在中腹，肩部没有兽首，如安阳武官村M1：5勾连雷纹瓿以及安阳小屯YM188瓿R2055[②]。另一种肩部饰浮雕兽首，腹部饰乳钉纹，肩、腹部、圈足设扉棱，三种装饰可能同时出现，其他形制特征如颈稍短，腹相对较浅，圆肩，鼓腹，最大腹径在中腹。这类瓿突破了以前的器物表面平整的传统，出现了凸起的牺首或扉饰，增强了器物的立体感，制作精美，是青铜器铸造工艺发展的一个阶段性标志。

标本一：安阳武官村M1：5勾连雷纹瓿（图3-15，1）[③]。敛口，方唇，圆肩，鼓腹，平底，矮圈足。圈足上端有间距相等的长方形镂孔三个。颈饰凸弦纹两周，肩饰夔纹九个，以雷纹为地。腹饰勾连雷纹，足饰云纹一周。高16.8、口径16、口壁厚0.3、圈足高2.4厘米，重1.95千克，殷墟二期早段。

标本二：1974年城固蔡家坟三羊首瓿（图3-15，2）[④]。肩部置三个高浮雕牺首，短颈，斜沿外侈，通体花纹，平整规正，一丝不苟。除颈上饰二道弦纹外，其余均以细云雷纹填地，腹部饰兽面纹，肩与圈足饰夔龙纹。圈足上有三个方形镂孔。高25.5、口径23.6、腹深20.2厘米，重6.4千克。殷墟二期早段。

标本三：1973年城固莲花村三羊首瓿（1973CHLHT：1）（图3-15，3）[⑤]。口微侈，肩圆鼓，腹部微弧形，腹下部折收至底，高圈足外斜，足上有三个等距离方形镂孔。肩部装饰有三个等距离的兽首，兽首肩饰三组尾尾相对的夔纹，肩、足部饰由

① 安阳市考古研究所：《安阳殷墟徐家桥郭家庄商代墓葬——2004—2008年殷墟考古报告》，科学出版社，2011年，8页。

② 安阳市文物工作队、安阳市博物馆：《安阳殷墟青铜器》，中州古籍出版社，1993年，图版八七。

③ 中国社会科学院考古研究所安阳工作队：《安阳武官村北的一座殷墓》，《考古》1979年第3期。

④ 赵丛苍：《城洋青铜器》，科学出版社，2006年，图版三六。

⑤ 赵丛苍：《城洋青铜器》，科学出版社，2006年，图版三六。

夔纹组成的三组兽面纹，各以三道竖形扉棱作为兽面鼻梁。通高26.1、口径32、腹深20.2、圈足径24.8厘米，重6.25千克。殷墟二期早段。

标本四：山西保德林遮峪乳钉雷纹瓿（图3-15，4）[①]。肩部和腹部饰三条扉棱，肩部饰夔纹，腹部饰方格雷乳纹。高21、口径22、腹径32.5厘米。殷墟二期早段。

图3-15　乙类B型Ⅲ式瓿

1.安阳武官村M1：5勾连雷纹瓿　2. 城固蔡家坟三羊首瓿　3. 城固莲花村三羊首瓿1973CHLHT：1　4. 山西保德林遮峪乳钉雷纹瓿

属于此类的瓿还有2002年延川县马家河乡华家塬夔纹瓿[②]、法国吉美博物馆藏瓿[③]、保利艺术博物馆藏乳钉纹瓿[④]等，均为这种类型。

Ⅳ式：除了延续上一阶段的圆肩瓿如安阳大司空村M663：51瓿外，出现了一类器形独特的瓿——带盖瓿。器形为敛口，短颈，圆肩，鼓腹，最大腹径在中腹，带盖，盖上有瓜菱形纽，弧面器盖，子口，圈足较高，此器由地纹、主题纹饰和浮雕纹饰组成三层花纹饰。带盖瓿出土的数量不多，目前仅有4件，其中3件一同出土于安阳小屯妇好墓。

标本一：安阳小屯M5（妇好墓）：796瓿（图3-16，1）[⑤]。敛口，窄沿，方唇，

① 吴振录：《保德新发现的殷代青铜器》，《文物》1972年第4期，63页。

② 师小群：《陕西延川出土商代青铜器》，《陕西历史博物馆馆刊》第10辑，三秦出版社，2003年。

③ 《中国青铜器全集》编辑委员会：《中国青铜器全集·3》，文物出版社，1997年，图版七五。

④ 李建伟、牛瑞红：《中国青铜器图录》，中国商业出版社，2000年，123页。

⑤ 中国社会科学院考古研究所：《殷墟妇好墓》，文物出版社，1980年。

图3-16　乙类B型Ⅳ式瓿

1. 安阳小屯M5（妇好墓）：796瓿　2. 安阳小屯M5：778瓿　3. 宁乡寨子山瓿　4. 安阳小屯M5：830瓿

短颈，圆肩，腹下部稍内收，底近平，圈足较高而直，圈足上端有长方形小孔三个。肩、腹有相连的长棱三条，腹部兽头之下亦有三条较短的棱，圈足上有短棱六条，与腹棱相对应。口下饰凸弦纹两周。肩部铸兽头三，兽头两侧饰对称的夔纹。腹饰兽面纹三组，兽面两侧各有一倒夔。圈足饰对夔纹，共三组。底部有铭文“妇好”二字。盖似球面，上有扉棱六条，中部有菌形纽。盖面饰兽面纹三组，口均向上，纽面饰蝉纹。盖下周沿有子口，与器口相合。通高34.2、器高23、口径21.8厘米，重14.3千克。殷墟二期晚段。

标本二：安阳小屯M5：778瓿（图3-16，2）①。形制与标本一相似，同出于安阳小屯妇好墓，但较大而重。圈足上端有长方形小孔六个。口下饰凸弦纹三周。肩部有兽头和短棱各三，两者相互间隔，兽头两侧饰堆成的夔纹，钩喙一角，身分两歧，上歧尾上卷，形较奇。腹饰兽面纹三组，在兽面的两侧有倒夔纹。盖面中心部位有一圆涡纹，靠外饰兽面纹三组，口均向上，纽面有蝉纹四个。盖下周沿有子口，与器口相合。通高47.6、器高33.8、口径29.8厘米，重28.2千克。殷墟二期晚段。

标本三：宁乡寨子山瓿（图3-16，3）②。1959年湖南宁乡寨子山出土。隆盖，盖顶有蟠龙纽，折沿，短颈，圆肩，鼓腹，圈足。自盖及圈足设六条棱脊，肩置三个浮

① 中国社会科学院考古研究所：《殷墟妇好墓》，文物出版社，1980年，彩版五，2。

② 《中国青铜器全集》编辑委员会：《中国青铜器全集·4》，文物出版社，1998年，图版一〇二。

雕兽首。盖饰倒置的兽面纹，肩饰夔纹，腹饰兽面纹，圈足饰结构类似兽面纹的对称夔龙纹，主纹突出，辅以雷纹为地，纹饰层次丰富。高42.5、口径23厘米。殷墟二期晚段。

标本四：安阳小屯M5：830瓿（图3-16，4）[①]。形制与标本一相似，同出于安阳小屯妇好墓。通高33、器高22.6、口径21.8厘米，重13千克。殷墟二期晚段。

此类传世品有藤田瓿、根津瓿、日本泉屋博古馆藏瓿、日本住友氏藏瓿等。虽然以上这几件瓿有细节上的差异，比如妇好瓿、藤田瓿盖上的菌形纽柱均为粗圆柱形，而宁乡寨子山瓿盖上的菌形纽柱较为纤细，但整体上这几件瓿仍然比较接近，纹饰繁密，浮雕、平雕和底纹组成了三层满花，特别是小屯M5带盖瓿的出现，是殷墟二期青铜瓿的典型特征，这类瓿流行于殷墟二期晚段。

Ⅴ式：4件（出土1件，传世3件）。素面瓿。

标本：庚瓿（图3-17）[②]。圆肩，素面。肩、腹部交界处饰一周凹弦文将肩、腹分为两个部分。器腹内壁铸造一“庚”字。殷墟三期。

Ⅵ式：出土4件。圆肩，素面、铸铭。

标本：冉己瓿（图3-18）[③]，圆肩，素面。器内壁铸“冉己”二字。殷墟四期。

图3-17　乙类B型Ⅴ式瓿

庚瓿

图3-18　乙类B型Ⅵ式瓿

冉己瓿

C型　有耳瓿。此类器形特征为圆肩，肩部有两个环形耳，扁圆腹，短颈，矮圈足，器形较矮。一般肩部多饰弦纹，腹部为云雷纹或乳钉纹。有耳瓿的出土和传世数量比较少，是一种比较独特的器形。

由于有耳瓿发现数量较少，只有7件，按照时代早晚，将这7件瓿简单做以型式划分，型式演变发展过程中可能会出现缺环，有待今后的新发现去填补。

① 中国社会科学院考古研究所：《殷墟妇好墓》，文物出版社，1980年。

② 戴应新：《陕西岐山贺家村西周墓葬》，《考古》1976年第1期。

③ 安阳市文物考古研究所：《安阳殷墟徐家桥郭家庄商代墓葬——2004—2008年殷墟考古报告》，科学出版社，2011年，8页。

Ⅰ式：湖南新邵瓿。1984年湖南新邵县出土的兽面纹瓿（图3-19，1）[①]。敞口，广肩，鼓腹，圈足。颈上饰有两周凸弦纹，肩部有一对牛首形环耳，器身满饰云雷纹，云雷纹上饰13个扁圆乳钉，圈足上饰有云雷纹和圈带纹。通高25、腹径37、口径21.2厘米，重4.85千克。除去两耳，在圆肩瓿中属于乙类A型。年代在殷墟二期晚段。

Ⅱ式：云雷纹瓿（图3-19，2）[②]，直口，圆肩，鼓腹，圈足。颈上饰两周凸弦纹，肩部有一对兽首环耳，肩、腹连接处有一周凹槽纹，凹槽内饰8个扁圆乳钉，腹部饰勾连雷纹，腹、足连接处也有一周扁圆乳钉，圈足较矮。除了两耳在圆肩瓿中属于乙类B型。其年代约为殷墟三期。

Ⅲ式：1976年江苏丹阳司徒公社出土的乳钉纹瓿（图3-19，3）[③]。敛口，卷沿，扁圆腹，矮圈足，肩部有两个环形耳。肩上有凹弦纹一条，腹上部遍饰细密的圆点形乳钉，上下两条凸弦纹为边。高16.2、口径18.8、腹围104厘米。属西周早期。

1

2

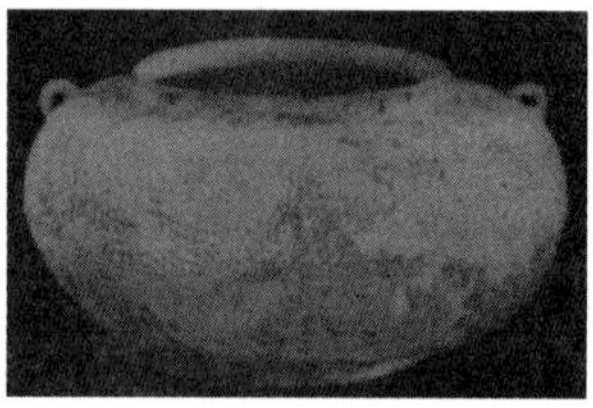

3

图3-19　乙类C型瓿

1. 湖南新邵兽面纹瓿　2. 云雷纹瓿　3. 江苏丹阳司徒公社乳钉纹瓿

第三节　瓿与折肩无耳器的关系

有一类器物，折肩、高体、颈部装饰有弦纹，肩部饰兽首，形制既不同于瓿，也不同于罍，更不同于尊，对于这种流行于商代二里冈上层晚段至殷墟二期的折肩无耳器，学术界称为“折肩无耳罍”或“广肩大口尊”。由于本身没有自名，我们暂且称其为“折肩无耳器”。这类器物主要包括：郑州白家庄M2：1（图3-20，1）[④]、郑州白家庄M3：9（图3-20，2）[⑤]、城固龙头镇1981CHLTT：2（图3-20，3）[⑥]、城固龙头镇

① 湖南省博物馆：《湖南出土殷商西周青铜器》，岳麓书社，2007年，133页。

② 《武英殿彝器图录》145页。《参加伦敦中国艺术国际展览会出品图说（铜器）》。

③ 刘兴、季长隽：《江苏丹阳出土的西周青铜器》，《文物》1980年第8期。

④ 河南文物工作队第一队：《郑州白家庄商代墓葬发掘简报》，《文物参考资料》1955年第10期。

⑤ 河南文物工作队第一队：《郑州白家庄商代墓葬发掘简报》，《文物参考资料》1955年第10期。

⑥ 赵丛苍：《城洋青铜器》，科学出版社，2006年，图版一八。

图3-20　折肩无耳器

1、2. 郑州白家庄M2：1、郑州白家庄M2：9　3、4. 城固龙头镇1981CHLTT：2、城固龙头镇1980CHLTT：1　5. 平陆前庄瓿　6. 藁城台西C：6瓿　7. 郾城拦河潘罍　8、9. 盘龙城采：01、盘龙城采M1：8

1980CHLTT：1（图3-20，4）①、平陆前庄瓿（图3-20，5）②、藁城台西C：6瓿（图3-20，6）③、郾城拦河潘罍（图3-20，7）④、盘龙城采：01（图3-20，8）⑤、盘龙城采M1：8（图3-20，9）⑥，共9件器物。

学术界对其名称说法不一：①罍说。最早将折肩无耳器称为罍的是北宋时期的著

---

① 赵丛苍：《城洋青铜器》，科学出版社，2006年，图版二一。

② 《中国青铜器全集》编辑委员会：《中国青铜器全集·4》，文物出版社，1998年，图版1-125。

③ 河北省文物研究所：《藁城台西商代遗址》，文物出版社，1985年，图版八八。

④ 马今洪：《试论青铜瓿》，《上海博物馆集刊》，2000年，图一，2。

⑤ 湖北省博物馆：《盘龙城商代二里岗期的青铜器》，《文物》1976年第2期。

⑥ 湖北省博物馆：《盘龙城商代二里岗期的青铜器》，《文物》1976年第2期。

作《博古图》，将两件和折肩无耳罍相似的器物定名为“罍”；《盘龙城：1963年—1994年考古发掘报告》肯定89HPCYM1：7、PTZ：0136为罍；容庚先生认为罍是“壶之敛口广肩者归之”，他将折肩无耳器也归入罍属[①]，仅有1件；赵丛苍先生将城固龙头镇的两件折肩高体器归入罍，认为折肩无耳器应称为罍。城固龙头镇瓿（原称罍）（1981CHLTT：1），通高34、口径22.1、圈足径18.8厘米，重6.943千克；1965年出土的城固五郎庙瓿（原称瓿）（1965CHWT：1），通高27.6、口径24.2、圈足径22.7厘米，重6.796千克。二者均为方唇，折肩，腹部弧形内收，颈部饰弦纹，肩部饰夔纹，腹部主体纹饰为兽面纹，圈足外撇，有三个方形镂孔，无论形制还是纹饰，都很接近，但前者称罍，后者称瓿。②尊说。郑振香、陈志达先生认为其与殷墟二期出现的有自名的罍形制差别太大，将其列入尊类器[②]；张小丽师姐也认为其与小口广肩尊差别不大而将其归入尊属[③]；杨锡璋、杨宝成[④]及刘一曼[⑤]等先生也将其称之为尊，《盘龙城：1963年—1994年考古发掘报告》[⑥]在肯定89HPCYM1：7、PTZ：0136为罍的同时，却将PWZM1：2、PLZM1：8、PYWH6：21、PYWH6：15、PYWM11：34等本属罍类的器物称之为尊。③瓿说。李济先生在研究安阳殷墟M232、M388、M331等墓葬出土的这类器物时，将其称为“瓿形器”[⑦]。他将这种瓿分为矮形圆肩和高形方肩，高形方肩的这一部分瓿也就是本书提出的折肩无耳器，也就是说李济是将这类有争议的折肩无耳器归入了瓿类。郭宝钧先生将折肩无耳罍称为瓿[⑧]。张昌平先生在同意诸家学者称为“尊”的基础之上，认为“器物名称不过是表明类别的一种符号”，建议将尊和罍分称[⑨]。

折肩瓿与折肩无耳器的差异关键在于两者的高度，如郑州白家庄M2兽面纹瓿（图3-20，1、2）、郑州回族食品厂出土瓿，无一例外是高体器，但器物侈口，颈部饰弦纹，高圈足外撇，颈、肩、腹三个纹饰带被三圈凹槽隔开，圈足饰十字形或方形镂

① 容庚：《商周彝器通考》（上编），哈佛燕京学社，1941年，22页；（下编）419页，图一九五。

② 郑振香、陈志达：《殷墟青铜器的分期与年代》，《殷墟青铜器》，文物出版社，1985年，43页。

③ 张小丽：《出土商周青铜尊研究》，西北大学硕士学位论文，2004年。

④ 杨锡璋、杨宝成：《殷墟青铜器礼器的分期与组合》，《殷墟青铜器》，文物出版社，1985年。

⑤ 刘一曼：《安阳殷墓青铜礼器组合的几个问题》，《考古学报》1995年第4期。

⑥ 湖北省文物考古研究所：《盘龙城：1963年—1994年考古发掘报告》，文物出版社，2001年。

⑦ 李济：《记小屯出土之青铜器》，《中国考古学报》第三册，1948年。

⑧ 郭宝钧：《商周铜器群综合研究》，文物出版社，1981年，4～7页。

⑨ 张昌平：《论殷墟时期南方的尊和罍》，《考古学集刊》第15集，文物出版社，2004年，116页。

孔，形制均和瓿的典型器物特征相类似。张昌平先生虽然没有提及折肩无耳器，但是他谈到了瓿类器一直有一些二里冈时期的特征：绝大多数瓿颈部饰弦纹、圈足带镂孔，甚至肩部装饰兽首也应是反映了二里冈时期尊、罍的风格[①]。张先生没有否认郑州白家庄M2、M3以及其他墓葬出土的时代在二里冈时期那些被称为罍的器物，但是却意识到了殷墟一期、二期出现的青铜瓿和这些器物之间的相似性和联系性。

对于这类器物的讨论还在继续，因为目前掌握的资料还没有办法将其严格区分开，只能在此提出而待以后的资料更加充实和完善，以便于做出更有价值的发现和尝试。

① 张昌平：《商代铜瓿概论》，《长江流域青铜文化研究》，科学出版社，2002年。

第四章　青铜瓿的分期断代与演变特征

第一节　分期与断代

一、分期的依据

青铜器的分期研究一直以来都是学术界的研究重点。较为系统地提出将青铜器分期断代研究的，是郭沫若。他撰写的《彝器形象学初探》一文，将中国青铜器时代分为滥觞期（商前期）、勃古期（商后期至周穆王）、开放期和新式期四个时期，所用方法即系“先让铭辞史实自述其年代，年代既明，形制与纹缋遂自呈其条贯也”[①]。

郭沫若在青铜器断代方法上独创一格，建立了比较科学的体系。他根据主要铭文确定标准器，再根据标准器的纹饰、铭文等的变化推定年代的早晚。虽然青铜瓿出现在商代且较少有铭文，但是这种方法对商代青铜器研究还是非常值得借鉴的。比如对于年代比较确定的青铜瓿，如妇好墓出土的妇好瓿，就可以将此器定为标准器，以其器物形制和纹饰特征来推断其年代。

后来郭宝钧先生提出的界标说，实际上就是郭沫若标型学的扩大和发扬。之后，在商代殷墟青铜器的分期断代方面也取得了一批成果，如邹衡的《试论殷墟文化分期》[②]、张长寿的《殷商时代的青铜容器》[③]、郑振香和陈志达的《殷墟青铜器的分期与年代》、杨锡璋和杨宝成的《殷代青铜礼器的分期与组合》[④]等。邹衡对殷墟文化的分期是利用殷墟出土的青铜礼器资料，与陶器相结合，这在殷墟青铜器分期方法上有了很大突破，有了第一个较为系统的殷墟青铜礼器的分期方案。他将殷墟青铜器和陶器一起分为四期七组。张长寿的《殷商时代的青铜容器》是对殷墟青铜礼器进行综合研究的第一篇论文，文中对分期方法做了详细探讨，并将殷墟青铜礼器分为早、中、晚三期。杨锡璋将殷墟青铜礼器分为早、中、晚三期，中期又分为早、中、晚三段。郑振香、陈志达把殷墟青铜器分为四期。1995年，朱凤瀚把殷墟青铜礼器分为早、

---

① 郭沫若：《彝器形象学初探》，《两周金文辞大系图录》，日本文求堂书店，1934年。

② 邹衡：《试论殷墟文化分期》，《北京大学学报》（人文科学），1964年第4～5期。

③ 张长寿：《殷商时代的青铜容器》，《考古学报》1979年第3期。

④ 上述两篇文章均见于中国社会科学院考古研究所：《殷商青铜器》，文物出版社，1985年。

中、晚三期，中、晚又各分两段，即三期5段[①]。

为了对青铜瓿进行更好的分期，我们采用邹衡先生的四期说。

二、断代与分期方法

根据前面章节对青铜瓿的形制划分与纹饰分析，对青铜瓿的发展序列做以断代与分期。

青铜瓿在二里冈上层已经出现，到殷墟四期至西周早期以后逐渐消失在中原地区。在此过程中，其形制特征也在发生变化。据此，我们将把青铜瓿分为三期。第一期，青铜瓿的初始期：是从二里冈上层到殷墟一期早段。此时，青铜瓿刚刚出现，数量较少。第二期，青铜瓿的繁荣期：殷墟一期晚段至殷墟二期晚段。这一时期出现了带盖瓿，数量众多，器形丰富、装饰华丽，并与觚、爵、斝形成固定组合。第三期，青铜瓿的衰落期：殷墟三期至西周早期。此时青铜瓿的发展态势呈全面收缩状，数量减少，器形单一。

1. 初始期

青铜瓿的初始期，始于二里冈上层文化，止于殷墟一期早段，即武丁以前。这一阶段是青铜瓿从诞生到器形初步演变成型的时期。二里冈上层文化是青铜礼器的早期发展阶段，在这一阶段，青铜瓿已经出现，说明瓿是一种出现较早的大型青铜容器。

这一阶段流行的型式为甲类：A型Ⅰ式、A型Ⅱ式、B型Ⅰ式、C型Ⅰ式；乙类：A型Ⅰ式、B型Ⅰ式。

此时期目前共记录出土青铜瓿10件，其中甲类瓿7件、乙类瓿3件。这个阶段的器形主要为折肩瓿，其主要形制特征为折肩、深腹、高圈足外撇，圈足有较大的十字形镂孔，体形较高，最宽处在肩部，器形厚重。早期的瓿颈部较长，如1992年黄州下窑嘴出土的三羊首瓿（图4-1，1）[②]；后期颈部逐渐变短，如1965年城固五郎庙兽面纹瓿1965CHWT：1（图4-1，2）[③]、1953年嘉山县泊岗发现的兽面纹瓿（图4-1，3）[④]。

这一时期的青铜瓿，纹饰主要以单层纹为主，以兽面纹、夔龙纹最为常见，线条比较粗，上下界栏多以连珠纹或云雷纹填之，此外还有变形夔龙纹、目雷纹、连珠纹等。兽面纹已经有了凸起的眼珠，纹饰较为简单粗放，具有二里冈时期纹饰的特点。

初始期的青铜瓿，发现地点以安阳殷墟为中心的中原地区为主，湖北、安徽、河

① 朱凤瀚：《中国青铜器综论》，上海古籍出版社，2009年。

② 吴晓松、董子儒：《湖北省黄州市下窑嘴商墓发掘简报》，《文物》1993年第6期。

③ 赵丛苍：《城洋青铜器》，科学出版社，2006年，图版四九。

④ 葛治功：《安徽嘉山县泊岗引河出土的四件商代铜器》，《文物》1965年第7期。

1　　2　　3

图4-1　初始期的瓿

1. 黄州下窑嘴三羊首瓿　2. 城固五郎庙兽面纹瓿1965CHWT：1　3. 嘉山县泊岗兽面纹瓿

北等地也有发现。

这一时期典型器物代表为黄州下窑嘴出土瓿（甲类A型Ⅰ式），郾城拦河潘出土瓿（甲类A型Ⅱ式）、灵宝东桥出土瓿（乙类A型Ⅰ式）、黄陂鲁台出土瓿（甲类B型Ⅰ式）、嘉山泊岗出土瓿（甲类A型Ⅱ式）、小屯M232出土瓿（乙类B型Ⅰ式）（图4-2，9）、1964年城固五郎庙兽面纹瓿（甲类C型Ⅰ式）。

青铜瓿在初始期完成了折肩向圆肩矮体瓿的演化，纹饰也从早期的简单粗线条开始向精细化、立体化逐步演变。在初始期，青铜瓿已经在礼器组合中扮演了大型酒器的重要角色，随着武丁时期的到来，晚商青铜器进入鼎盛时期，青铜瓿也逐渐走向成熟。

2. 繁荣期

殷墟一期晚段至殷墟二期晚段，是青铜瓿的快速发展阶段，这一阶段流行的类型有甲类B型Ⅱ式、Ⅲ式，C型Ⅱ式、Ⅲ式，D型Ⅰ式、Ⅱ式；乙类A型Ⅱ式、Ⅲ式，B型Ⅱ式、Ⅲ式、Ⅳ式，C型Ⅰ式。

（1）甲类B型Ⅱ式、Ⅲ式。Ⅱ式有平谷刘家河瓿（图4-2，1）[①]，Ⅲ式有江苏江宁三羊首瓿（图4-2，2）[②]、1952年安阳出土兽面纹瓿（图4-2，3）[③]。

（2）甲类C型Ⅱ式、Ⅲ式。各1件，即新干大洋洲四羊首瓿（图4-2，4）[④]、岳阳舫鱼山四羊首瓿（图4-2，5）[⑤]。

（3）甲类D型Ⅰ式、Ⅱ式。各1件，分别为上海博物馆藏乳钉雷纹瓿（图4-2，6）[⑥]和美国旧金山亚洲艺术博物馆收藏的青铜瓿（图4-2，7）[⑦]。

---

① 北京市文物管理处：《北京市平谷县发现商代墓葬》，《文物》1977年第11期。

② 《中国青铜器全集》编辑委员会：《中国青铜器全集·4》，文物出版社，1998年，图版九。

③ 《新博》0170。

④ 江西省文物考古研究所：《新干商代大墓》，文物出版社，1997年，彩版一九。

⑤ 湖南省博物馆：《湖南出土殷商西周青铜器》，岳麓书社，2007年，28页。

⑥ 陈佩芬：《夏商周青铜器研究·夏商卷》，上海古籍出版社，2004年，一七三。

⑦ 《中国青铜器全集》编辑委员会：《中国青铜器全集·4》，文物出版社，1998年，一〇九。

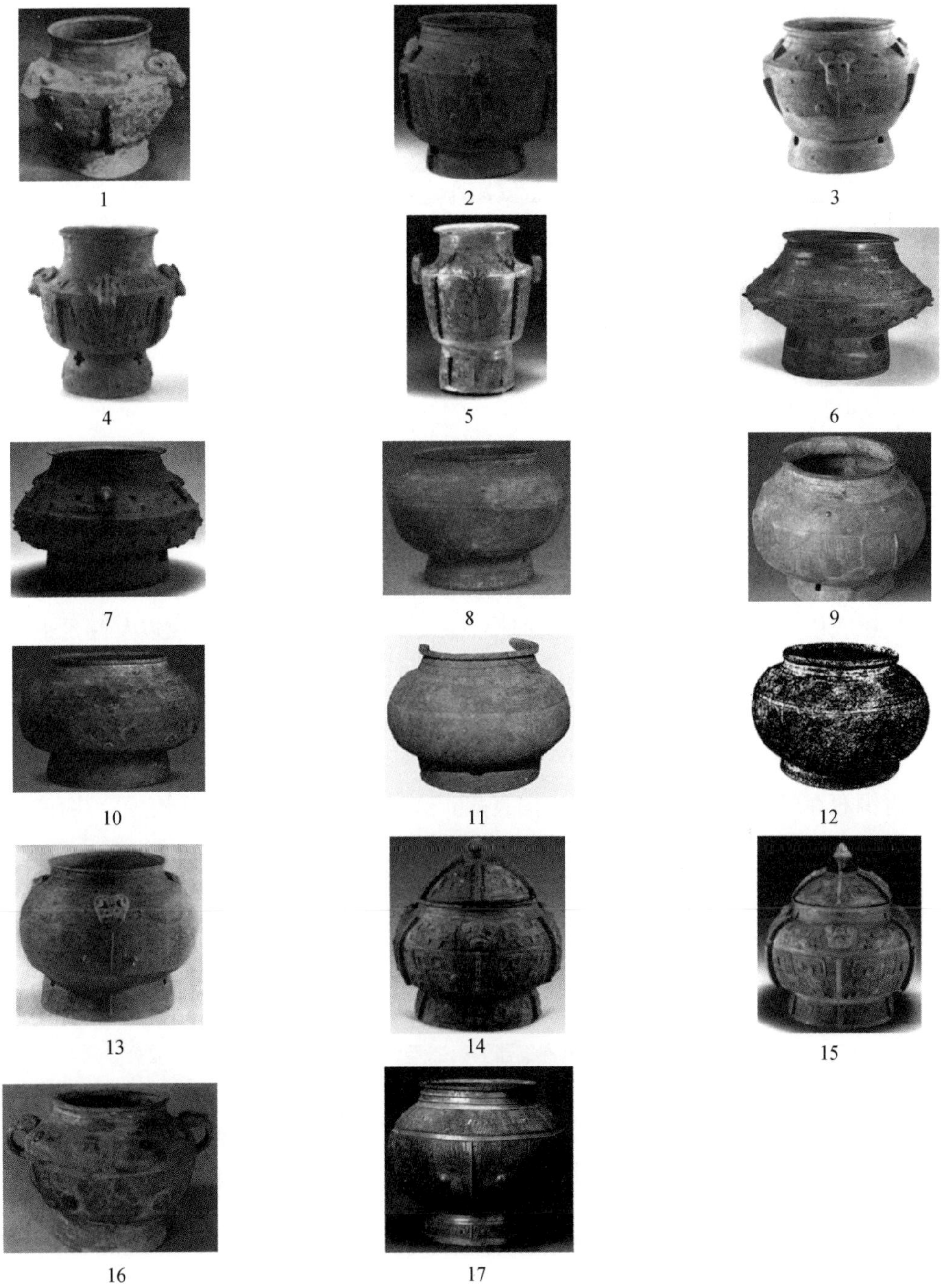

图4-2　繁荣期的瓿

1. 平谷刘家河瓿　2. 江苏江宁三羊首瓿　3. 安阳兽面纹瓿　4. 新干大洋洲四羊首瓿　5. 岳阳舫鱼山四羊首瓿　6. 上海博物馆藏乳钉雷纹瓿　7. 美国旧金山亚洲艺术博物馆收藏的青铜瓿　8. 1964年清涧张家坬云雷纹瓿　9. 安阳小屯M232瓿R2057　10. 延川马家河勾连雷纹瓿　11. 喀左高家洞勾连雷纹瓿　12. 安阳小屯YM188瓿　13. 城固蔡家坟三羊首瓿　14. 安阳小屯M5：778瓿　15. 宁乡寨子山瓿　16. 新邵兽面纹瓿　17. 洋县马畅安冢1990YMAT：1瓿

（4）乙类A型Ⅱ式、Ⅲ式。16件。如1964年清涧张家坬云雷纹瓿（图4-2，8）[①]，是殷墟一期晚段的典型代表。圆肩、鼓腹且较矮，形制可能受到甲类B型的横向影响，具有过渡特点。

（5）乙类B型Ⅱ式。12件。如1987年延川马家河勾连雷纹瓿（图4-2，10）[②]、喀左高家洞勾连雷纹瓿（图4-2，11）[③]、安阳小屯YM188瓿（R2055）（图4-2，12）[④]。这种形制特征将继续向前发展。在肩部出现等距离三个或四个兽首，宽腹，高圈足。

（6）乙类B型Ⅲ式。如1974年城固蔡家坟三羊首瓿（图4-2，13）[⑤]、1973年城固莲花村三羊首瓿等。

（7）乙类B型Ⅳ式。4件。如安阳小屯M5：778瓿（图4-2，14）[⑥]、湖南宁乡寨子山瓿（图4-2，15）[⑦]等。

（8）乙类C型Ⅰ式。湖南新邵兽面纹瓿（图4-2，16）[⑧]。

这一阶段的青铜瓿在初始期的基础上，纹饰风格出现了新的变化，出现了以排列非常整齐的云雷纹和羽片形纹饰组成的兽面纹、变形夔龙纹。如洋县马畅安家1990YMAT：1瓿（图4-2，17）[⑨]就是典型的器物代表，其兽面纹的主干不甚明显，鼻准不接触底栏，是典型的殷墟早期纹饰特点。另外，出现了乳钉雷纹以及圈足上的镂孔变小等特征。

3. 衰落期

青铜瓿在殷墟三期之后，逐步走向衰落。这一时期发现的青铜瓿较少，共有7件。流行的类型有以下五式。

（1）甲类C型Ⅳ式。肩、腹、足有立体扉棱，器形为直筒形折肩瓿，如1991年陕西泾阳高家堡叉瓿（图4-3，1）[⑩]。

---

① 陕西省考古研究院：《陕北出土青铜器》第二卷，巴蜀书社，2009年，162页。

② 陕西省考古研究院：《陕北出土青铜器》第二卷，巴蜀书社，2009年，164页。

③ 辽宁省文物考古研究所：《辽宁喀左县高家洞商周墓》，《考古》1998年第4期。

④ 安阳市文物工作队、安阳市博物馆：《安阳殷墟青铜器》，中州古籍出版社，1993年，图版八七。

⑤ 陕西省考古研究所、陕西省文物管理委员会：《陕西出土商周青铜器》，文物出版社，1979年，图版一二二。

⑥ 中国社会科学院考古研究所：《殷墟妇好墓》，文物出版社，1980年，版版五，2。

⑦ 《中国青铜器全集》编辑委员会：《中国青铜器全集 · 4》，文物出版社，1998年，图版一〇二。

⑧ 湖南省博物馆：《湖南出土殷商西周青铜器》，岳麓书社，2007年，133页。

⑨ 赵丛苍：《城洋青铜器》，科学出版社，2006年，图版三八。

⑩ 泾阳县博物馆：《泾阳高家堡出土的青铜器》，《文博》1997年第5期。

（2）甲类D型Ⅲ式。素面，如1975年殷墟西区M355：5瓿（图4-3，2）①。

（3）乙类B型Ⅴ式。圆肩，腹较深，如陕西岐山贺家村庚瓿（图4-3，3）②。

（4）乙类B型Ⅵ式。圆肩，素面，如2005徐家桥综合楼M1：1瓿（图4-3，4）③。

（5）乙类C型Ⅱ式、Ⅲ式。如江苏丹阳乳钉纹瓿（图4-3，5）④。

这一时期的青铜瓿，纹饰风格趋于简约，已经没有了华丽的纹饰和浮雕兽首等立体装饰，而以素面为主，如M355：5瓿、2005徐家桥综合楼M1：1瓿等，器形以圆肩瓿为主。

图4-3 衰落期的瓿

1. 泾阳高家堡又瓿 2. 殷墟西区M355：5瓿 3. 岐山贺家村庚瓿 4. 徐家桥综合楼M1：1瓿 5.江苏丹阳乳钉纹瓿

第二节 演变特征

通过对青铜瓿分期断代研究分析，试总结青铜瓿的发展演变过程有如下几个特征。

（1）器颈由长颈向短颈过渡。从早期的甲类A型到B型，此发展演变序列完整地展现了青铜瓿颈部的演变方式。

（2）器腹向宽发展。由甲类B型和乙类A型、B型等演变发展变化可以很直观地看到这一点。

① 中国社会科学院考古研究所安阳工作队：《1969—1977年殷墟西区墓葬发掘报告》，《考古学报》1979年第1期。

② 陕西省博物馆：《陕西岐山贺家村西周墓葬》，《考古》1976年第1期。

③ 安阳市考古研究所：《安阳殷墟徐家桥郭家庄商代墓葬——2004—2008年殷墟考古报告》，科学出版社，2011年，8页。

④ 刘兴、季长隽：《江苏丹阳出土的西周青铜器》，《文物》1980年第8期。

（3）由单一的折肩向折肩、圆肩共存再到圆肩变化发展。

（4）圈足上的镂孔由大变小，由大十字形演变为长方形或圆形小圆孔。从最初的甲类瓿高圈足和大十字镂孔，发展到最后的小圆或小方孔，这一特点，不仅存在于青铜瓿，大部分带圈足的商代青铜器也具备此纹饰特点。

（5）器物发展到晚期，出现带族徽、日名的铭文。

（6）纹饰由简单到复杂再到素面，装饰也是从简单到复杂再到简单。

第三节　小　　结

青铜瓿从二里冈上层时期出现雏形，在殷墟一期得到快速发展，根据折肩瓿早于圆肩瓿这一特征可以看出其器形由折肩向圆肩发展，纹饰由平面、粗放线条向精细、立体浮雕纹饰发展，无论作为祭祀礼器还是实用的盛酒容器，都呈现出了独有的魅力，逐渐成为流行的大型盛酒礼器；殷墟二期，青铜瓿进入繁荣阶段，形制和功能趋于成熟，纹饰精美，铸造工艺日趋精良，甚至出现了带盖的器形（如殷墟妇好瓿、宁乡寨子山瓿等），这一阶段发现的器物数量也最多，昭示了其繁荣昌盛的景象。殷墟三期之后，青铜瓿逐渐被新的器物取代，进入衰落期，这一阶段发现的器物数量急剧减少，至西周早期，青铜瓿已难觅踪影，彻底退出了历史舞台。

另外，通过对青铜瓿的分期断代来探讨青铜瓿发展的内在规律。笔者认为早期属于青铜瓿的初始期，从最初一经产生便向世人展示了其作为酒器的身份，长颈，纹饰分明，数量较少。中期前段是青铜瓿的转折期，随着商人对器物的喜好程度和用器习惯，青铜瓿由折肩演变为圆肩；中期晚段是青铜瓿的高峰期，这一时期的青铜瓿，圆鼓腹，短颈，纹饰精美华丽，商代晚期极尽华丽的纹饰风格同样在青铜瓿上得到了充分显现。本期兽面纹主体形象具有写实感，主体花纹和地纹明显区分，地纹常为细雷纹，与主体花纹构成强烈对比；主题花纹多采用浮雕手法，风格浑圆而峻锐。大十字镂孔已经退化成了小圆方孔。值得一提的是这一时期的乙类B型Ⅳ式，带盖瓿，如妇好M5瓿及宁乡寨子山瓿，盖上有瓜菱形纽，弧面器盖，子口，圈足较高，全身满花纹饰，三层花纹，制作精良，想象丰富，富丽堂皇。显示了器物主人显赫的身份与地位，具有很高的艺术价值。妇好墓这批精美绝伦的器物引领了商代青铜器纹饰艺术的发展潮流，并最终达到高峰，为其后青铜器艺术发展提供了重要的借鉴。因此，青铜瓿在其发展中期，器物造型精美多样、纹饰丰富多彩，数量可观，影响深远。青铜瓿发展到晚期已达极致，之后的发展没有更大的空间，只能走向衰落，并趋于消失，然后被其他器物所代替。青铜瓿至殷墟三期之后就鲜有发现，数量极少。青铜瓿各个型式的分期演变见表4-1。

表4-1　青铜甗型式分期表

型式类别＼分期			初始期	繁荣期		衰落期
				早段	晚段	
甲类	A型	Ⅰ式	——			
		Ⅱ式	——			
	B型	Ⅰ式	——			
		Ⅱ式		——		
		Ⅲ式		——	——	
	C型	Ⅰ式	——			
		Ⅱ式		——	——	
		Ⅲ式			——	
		Ⅳ式				——
	D型	Ⅰ式		——		
		Ⅱ式		——	——	
		Ⅲ式				——
乙类	A型	Ⅰ式	——			
		Ⅱ式		——		
		Ⅲ式		——	——	
	B型	Ⅰ式	——			
		Ⅱ式		——		
		Ⅲ式		——	——	
		Ⅳ式			——	
		Ⅴ式				——
		Ⅵ式				——
	C型	Ⅰ式			——	
		Ⅱ式				——
		Ⅲ式				——

第五章　青铜瓿的纹饰分析

第一节　纹饰研究的意义

商代青铜器，尤其是晚期青铜器，以它精致瑰丽的纹饰艺术在青铜器中独领风骚，因此纹饰是商代青铜礼器研究的一个极其重要的内容，对它的深入研究具有非常深远的意义。

首先，青铜器纹饰的变化规律和时代差异是青铜器分期断代的一个重要依据。一般来说，不同时期的青铜器纹饰会随着人们审美意识和社会观念的不断改变而变化，这种变化规律的探索正是青铜器分期断代研究的一个重要内容。青铜器断代应综合考虑，以器形变化为主，以纹饰、器物组合为辅，并兼顾其他。

其次，青铜器纹饰具有承上启下的作用，对它的认识有利于整体把握中国古代青铜器的发展脉络。殷墟青铜器纹饰上承二里头文化和二里冈时期的早期青铜器装饰艺术，在兽面纹铜牌饰、陶器上的兽面刻划纹，以及河南新密市新砦遗址出土的早于二里头时期的陶器盖上的兽面纹中都可以找到原型①。另外，它下启两周，尤其商末周初及西周早期青铜器纹饰与殷墟晚期青铜器纹饰有着相当密切的联系。

最后，对青铜器纹饰的研究，还可涉及科技方面，如纹饰的复杂程度可以反映出青铜铸造技术和生产力状况，这些都是将来需要进一步探讨的问题。

第二节　青铜瓿纹饰分析

一、青铜瓿纹饰的类型

根据目前掌握的资料来看，青铜瓿上所见纹饰大致可分为动物纹和几何纹两大类。

（一）动物纹

较为常见的有兽面纹、夔纹、鸟纹、鱼纹等。

---

① 岳洪彬：《殷墟青铜礼器研究》，中国社会科学出版社，2006年。

1. 兽面纹

目前所收集的照片清楚的传世和出土瓿上的兽面纹共有84组。属于兽面纹瓿的器形，甲类瓿和乙类瓿都很常见。兽面纹以前一直被称为饕餮纹，而陈公柔、张长寿二位先生对此提出不同看法，他们通过仔细考证，认为称“兽面纹”更为合适[①]。此类纹饰在瓿器中最有代表性，具体特征为：腹部的主体纹饰为三组兽面纹，兽面以略凸的鼻梁为中轴，有宽鼻，“臣”字形大目，两侧展开长躯，长尾卷曲，在两端躯尾的下侧多有一单目蜷躯夔纹；圈足上一般有三镂孔，其下饰云雷纹或以云雷纹为地构成兽面纹。腹部兽面纹刚开始出现时线条较简单粗狂，发展至后来成熟阶段变为繁缛、复杂、细密。

兽面纹初期特点：线条简单粗犷，不以雷纹为地，典型器物有嘉山泊岗瓿（图5-1，4）[②]、黄州下窑嘴瓿（图5-1，5）[③]，腹部兽面纹饰均属于初期阶段。如1965年藁城台西瓿（图5-1，1）[④]，肩、腹部的兽面纹上下各夹有二周连珠纹。纹饰与此器完全相同的还有灵宝东桥瓿（图5-1，2）[⑤]、上海博物馆藏瓿（图5-1，3）[⑥]，也可归入此型。

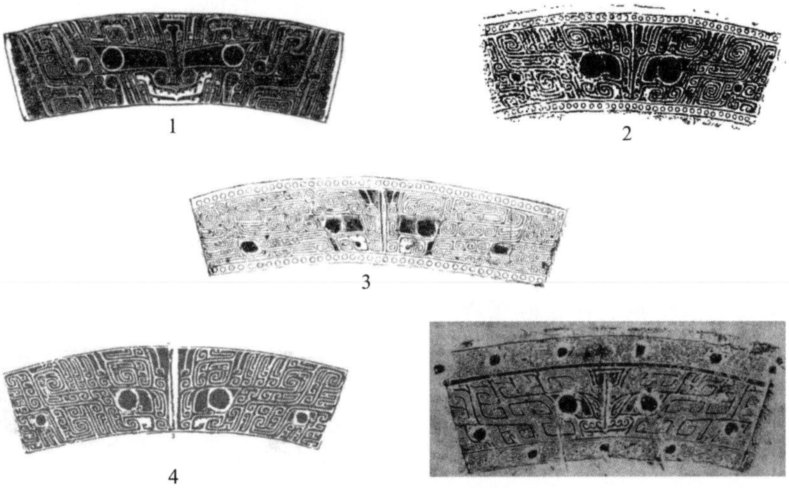

1　2　3　4　5

图5-1　早期兽面纹

1. 藁城台西瓿　2. 灵宝东桥瓿　3. 上海博物馆藏瓿　4. 嘉山泊岗瓿　5. 黄州下窑嘴瓿

---

① 陈公柔、张长寿：《殷周青铜容器上兽面纹的断代研究》，《考古学报》1990年第2期。

② 葛治功：《安徽嘉山县泊岗引河出土的四件商代铜器》，《文物》1965年第7期。

③ 吴晓松、董子儒：《湖北省黄州市下窑嘴商墓发掘简报》，《文物》1993年第6期。

④ 河北省博物馆等：《河北藁城县商代遗址和墓葬的调查》，《考古》1973年第1期。

⑤ 河南省博物馆、灵宝县文化馆：《河南灵宝出土一批商代青铜器》，《考古》1979年第1期。

⑥ 陈佩芬：《夏商周青铜器研究·夏商卷》，上海古籍出版社，2004年，361页。

殷墟一期至二期的兽面纹：兽面双竖角而内卷，巨眼、直鼻，阔嘴尖唇，两目相对，构成兽面，两侧的躯干折而向上，长尾外卷，折体下有肢脚，脚尖向内卷，与尾部形成一个S形。躯尾间排列竖刀形列旗纹，其两边各有一小夔纹，相向分布，像整齐的羽状饰，纹饰风格整齐细密。陕西洋县安冢1990YMAT：1瓿（图5-2，1）①、小屯M232瓿R2057（图5-2，2）②羽状饰在兽面的四周均有分布，制作精良。这两件瓿上所饰兽面纹是当时最繁缛的纹饰之一。

殷墟三期到西周早期的兽面纹，沿袭二期的特点，但大部分瓿纹饰已趋向素面。

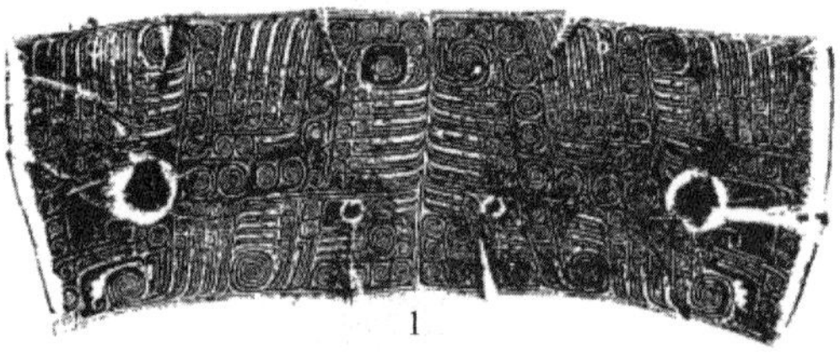
1

2

图5-2　繁荣期兽面纹

1. 洋县安冢1990YMAT：1瓿　2.小屯M232瓿R2057

2. 夔纹

共有30组。夔纹在商代是除了兽面纹之外的一种非常重要的动物纹饰。以夔纹作为主题纹饰的有雷纹瓿（图5-3，1）③。此类纹饰更多装饰在甲类A型瓿上和乙类瓿的肩部。由于甲类A型瓿的肩部为折肩，就为肩部能够有独立的纹饰提供了方便，不用像乙类圆肩瓿需要用连珠纹或者凹带纹来隔开，直接凭借折沿自然而然地将铜瓿分成肩、腹两个独立的纹饰带，所以夔纹得以在上面施展开来。乙类瓿的肩部也更多装饰夔纹，几乎所有瓿均需用凹带纹将肩部和腹部隔开，由于其部位平坦宽阔，夔纹也自如地附在肩部，一般凸目纹较多点缀肩部的夔纹。如妇好瓿M5：778（图5-3，2）④、1975年城固五郎庙三羊首瓿1975 CHWT：1（图5-3，3）⑤、洋县安冢铜器点出土1990YMAT：3（图5-3，4）⑥。

① 赵丛苍：《城洋青铜器》，科学出版社，2006年，图版一四四。
② 《中国青铜器全集》编辑委员会：《中国青铜器全集·3》，文物出版社，1997年，图版七〇。
③ 容庚：《武英殿彝器图录》，1934年燕京大学哈佛燕京学社影印本，143页。
④ 中国社会科学院考古研究所：《殷墟妇好墓》，文物出版社，1980年，图版五，2。
⑤ 赵丛苍：《城洋青铜器》，科学出版社，2006年，图版三五。
⑥ 赵丛苍：《城洋青铜器》，科学出版社，2006年，图版一四六。

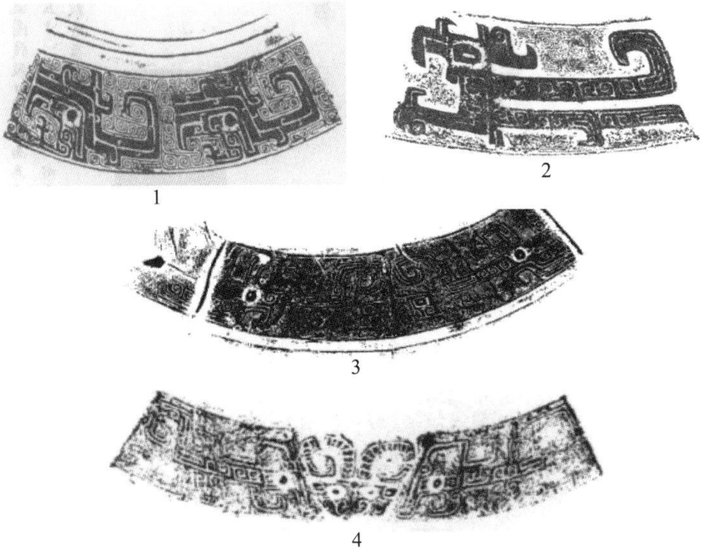

图5-3　夔纹

1. 雷纹瓿　2.妇好瓿M5：778　3. 城固五郎庙三羊首瓿1975 CHWT：1　4. 洋县安冢瓿1990YMAT：3

盖上的夔纹，颈饰弦纹二周，盖、肩、腹、圈足各周纹饰以扉棱间隔为三个单元，其中盖、腹、圈足每单元又以扉棱为中轴展开兽面纹，兽面两侧配以夔纹；肩部兽首两侧饰一对夔纹，夔纹两首相对，圈足和肩部为同样大小的夔纹。各组纹饰均为三层花，这种布局均是夔纹列于两侧，突出中部的兽面。殷墟妇好墓所出的妇好瓿（图5-4）、1959年湖南宁乡寨子山出土的瓿，纹饰已经达到立体、多层次而精致细密的程度，不仅纹饰施于器表能看得见的部位，甚至在视线不及的地方和小型的兽首装饰、器盖上的菌形纽上也是精益求精，布满了细密的云雷纹或涡纹等其他装饰纹饰，这体现了商代青铜器纹饰艺术发展到了成熟的阶段。

图5-4　带盖瓿的纹饰

殷墟妇好瓿

3. 鸟纹

共4组。分别为1991年黄陂鲁台镇瓿[①]、1973年辽宁喀左高家洞瓿[②]、1991年陕西泾阳高家堡的叉瓿（图5-5，2）[③]以及上海博物馆的乳钉雷纹折腹瓿（图5-5，1）[④]。

① 黄锂、况红梅：《近年黄陂出土的几件商周青铜器》，《江汉考古》1998年第4期。

② 辽宁省文物考古研究所：《辽宁喀左县高家洞商周墓》，《考古》1998年第4期。

③ 泾阳县博物馆：《泾阳高家堡出土的青铜器》，《文博》1997年第5期。

④ 陈佩芬：《夏商周青铜器研究·夏商卷》，上海古籍出版社，2004年。

1

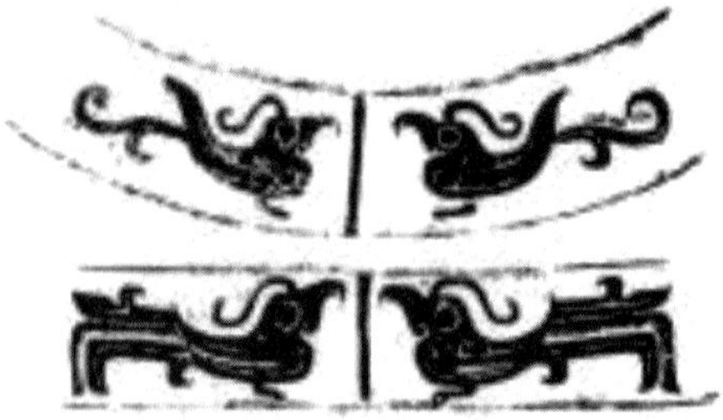

2

图5-5　鸟纹

1. 乳钉雷纹折腹瓿上的鸟纹　2. 叉瓿上的鸟纹

殷墟一期的鸟纹，以上海博物馆藏乳钉雷纹折腹瓿上的鸟纹为例，其肩部图案为卷尾鸟纹，回首勾喙，垂冠，冠与尾羽卷曲似窃曲纹。

西周早期的鸟纹，以泾阳高家堡的叉瓿上面的鸟纹为例，尖喙、飘冠、长尾，已经非常的具象化了，写实色彩浓厚，这是青铜瓿上的鸟纹发展到最晚期的特点。

4. 鱼纹

共3组。见于1982年岳阳舫鱼山瓿①、目雷鱼纹瓿②、鱼瓿③。

（二）几何纹

常见的几何纹有云雷纹、弦纹、菱形云雷乳钉纹、连珠纹、圆涡纹、三角纹（蕉叶纹）。最典型的纹饰是弦纹，几乎每一件青铜瓿的颈部都饰有弦纹，因此这一纹饰被认为是青铜瓿的典型纹饰。除了弦纹以外，最多的几何纹饰就是勾连雷纹、斜方格乳钉雷纹、连珠纹，有些器物上也有蕉叶纹。笔者在此主要介绍勾连雷纹和斜方格乳钉雷纹这两类见于青铜瓿上的几何纹饰。

第一类：勾连雷纹。共36组。见于上海博物馆藏瓿（图5-6，1④、2⑤），辽宁喀左

① 湖南省博物馆：《湖南出土殷商西周青铜器》，岳麓书社，2007年，128页。

② 容庚：《商周彝器通考》，哈佛燕京学社，1941年，图版895。

③ Chinesische Bronzen aus der Abteilung für Ostasiatische Kunst，8-10。

④ 陈佩芬：《夏商周青铜器研究·夏商篇》，上海古籍出版社，2004年，图版一七七。

⑤ 陈佩芬：《夏商周青铜器研究·夏商篇》，上海古籍出版社，2004年，图版一八一。

北洞村出土瓿，（《全集》4-106收录瓿，图5-6，3），《武英殿彝器图录》中的雷纹瓿（图5-6，4）①，忻县连寺沟出土瓿，陕西清涧张家坬瓿等器，腹部饰勾连雷纹。凹带纹上下各一周连珠纹或者直接以凹带纹为界。以上这几件瓿均属于乙类A型瓿，除此以外，还有乙类B型瓿的部分器物上也饰勾连雷纹，如殷墟大司空村M663：51瓿（图5-6，5）②、安阳武官北地M1瓿（图5-6，6）③。

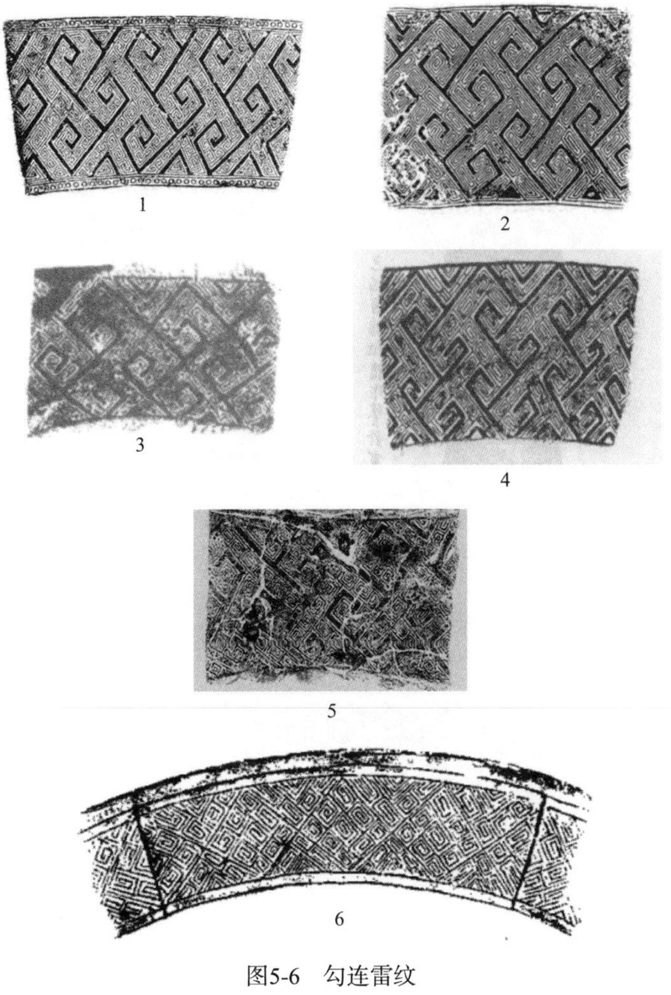

图5-6　勾连雷纹

1、2. 上海博物馆藏瓿　3. 辽宁喀左北洞村出土瓿　4. 雷纹瓿　5. 殷墟大司空村M663：51瓿　6. 安阳武官北地M1瓿

第二类：斜方格乳钉雷纹。共统计出36组。常见于甲类C型和乙类A型、B 型瓿。乳钉纹是商代青铜器上最古老的纹饰之一，河南郑州出土商代中期大方鼎上，鼎的每

① 容庚：《武英殿彝器图录》，1934年燕京大学哈佛燕京学社影印本。

② 安阳工作队：《安阳大司空村东南的一座殷墓》，《考古》1988年第10期。

③ 中国社会科学院考古研究所安阳工作队：《安阳武官村北的一座殷墓》，《考古》1979年第3期。

一壁面，其左右下方都有三到四列乳钉纹，这种装饰一度成为方鼎的固定形式，直到殷墟时期还在沿用这种纹饰。装饰有乳钉雷纹的瓿如下。

（1）洋县马畅安冢1990YMAT2瓿（图5-7，1、2）①，颈饰二道弦纹，肩部一周夔纹，云雷纹为地纹，肩腹以两圈连珠纹加一周宽槽相隔，腹部饰四乳钉纹四周，乳钉置于斜方格内。上海博物馆藏瓿（图5-7，3）②、法国吉美亚洲艺术博物馆藏一件百乳雷纹瓿（图5-7，4、5）③，也属于此型。

图5-7　勾连雷纹

1、2. 洋县马畅安冢1990YMAT2瓿　3. 上海博物馆藏瓿　4、5. 法国吉美亚洲艺术博物馆藏百乳雷纹瓿

（2）山西石楼后兰家沟兽面纹瓿（图5-8，1）④，肩部饰三羊首，除肩部其他部

① 赵丛苍：《城洋青铜器》，科学出版社，2006年，图版四二、图版四三。

② 陈佩芬：《夏商周青铜器研究 · 夏商卷》，上海古籍出版社，2004年，图版一七三。

③ 《中国青铜器全集》编辑委员会：《中国青铜器全集 · 3》，文物出版社，1997年，图版七五。

④ 《中国青铜器全集》编辑委员会：《中国青铜器全集 · 4》，文物出版社，1998年，图版一〇七。

位依然饰夔纹，腹饰乳钉雷纹，乳钉五周。

（3）1971年山西保德林遮峪瓿（图5-8，2）①，肩、腹均有云状扉棱，腹部饰乳钉雷纹，菱形格较大，乳钉三周 。保利艺术博物馆藏瓿（图5-8，3）②，肩部为鸟形棱脊，腹部乳钉雷纹菱形格较大，乳钉三周，与保德林遮峪瓿极为相似。

（4）乳钉雷纹蛙式瓿（图5-8，4）③，肩部饰三个蛙形兽首，间以云状扉棱，腹部为乳钉四周。上海博物馆藏四羊首乳钉雷纹瓿（图5-8，5）④，肩饰四个高浮雕羊首，自肩至圈足均匀地分设四条鸟形棱脊，与肩部四个高浮雕羊首相呼应，器物的气势骤然增加。

除了兽面纹和几何纹外，还有腹部为素面的瓿，这是瓿发展到末期的装饰特点。例如，陕西岐山贺家村M1瓿，通高21、口径17.5厘米，器内底铸以族徽“庚”（铭文拓片见表8-1），颈部饰弦纹二周，肩部有宽槽，腹部素面。

图5-8　乳钉纹饰

1. 山西石楼后兰家沟兽面纹瓿　2. 山西保德林遮峪瓿　3. 保利艺术博物馆藏瓿　4. 乳钉雷纹蛙式瓿　5. 上海博物馆藏四羊首乳钉雷纹瓿

二、青铜瓿纹饰分析

通过对青铜瓿纹饰的分类介绍以及数量的统计，可以看出商代青铜瓿纹饰的变化

① 《中国青铜器全集》编辑委员会：《中国青铜器全集·4》，文物出版社，1998年，图版一〇八。

② 李建伟、牛瑞红：《中国青铜器图录》，中国商业出版社，2000年，第123页图2。

③ 此瓿现藏于美国旧金山亚洲艺术博物馆。

④ 陈佩芬：《夏商周青铜器研究·夏商篇》，上海古籍出版社，2004年，图版一八一。

在装饰上最为明显，具体是腹部纹饰、肩部兽首以及扉棱的变化。

（1）早期铜瓿，所饰兽面纹饰简单、粗犷，用勾曲回旋的线条构成了兽面纹，上下界以单列连珠纹。兽面纹有浮雕和平雕两种。高圈足上的十字镂孔宽大。

（2）兽面纹作为主题纹饰的装饰，甲、乙两类瓿上均较常见。兽面纹数量为84组，是所有青铜瓿纹饰中数量最多的一组纹饰，主要集中在青铜瓿的主体部位——腹部。作为酒器的青铜瓿，腹部面积较大，不论是早期的折肩瓿还是时代较前者稍晚的折肩圆肩瓿，最适宜装饰兽面纹这样尺幅很大的纹饰了。只不过早期的兽面纹线条较为简单，风格较为粗犷，在有些器身上还留下一部分空白，而到了殷墟二期前后，则三层满花纹饰，由经典的羽状饰与排列整齐细密的雷纹组成的兽面纹，再加上双目凸出，使得兽面纹更加雍容华贵、瑰丽精致。

（3）夔纹数量为30组，是继兽面纹之后，装饰在青铜瓿上的第二大纹饰。主要集中在青铜瓿肩部，腹部次之，圈足也有装饰。往往在腹部的两组夔纹的龙首相对，组成一组兽面纹饰。带盖的青铜瓿盖面上的装饰为倒夔纹，主要是受盖子器形特点决定的，盖子最顶端以菌形纽作为捉手，将盖面以纽为圆心，划为三个面积相等的扇形，将宽的一头（即靠近盖沿部分）作为夔首，将纽部一头作为夔尾，恰当地做到了“因地制宜”。这是带盖青铜瓿夔纹装饰的一大特点。

（4）勾连雷纹数量为36组，通常装饰在腹部，大多装饰在乙类瓿主体部位——腹部，而在甲类瓿上少见。这可能和圆肩瓿鼓腹的形态有关。而折肩的甲类瓿，由于器形所限，是直接折收至圈足底，因此没有乙类瓿腹部圆鼓凸起，可能不适合装饰勾连雷纹。

（5）乳钉雷纹数量为36组，乳钉纹往往绕腹部四圈。有一部分青铜瓿上的乳钉为圆滑型的，有些青铜瓿的乳钉为尖利的乳刺。较多出现在乙类瓿上，甲类瓿也有个别器物装饰乳钉纹。一般装饰有乳钉纹的瓿，都会用勾连雷纹作为地纹，都会在肩部设兽首、棱脊或者其他装饰，个别瓿除外。

（6）鸟纹数量为4组，装饰部位在肩部。鸟纹数量虽少，但在青铜瓿的初始期（黄陂鲁台瓿在殷墟一期早段）、发展期（江苏江宁瓿在殷墟二期早段）、衰落期（陕西泾阳又瓿在西周早期）都有装饰，贯穿了青铜瓿的发展始末。

（7）鱼纹为3组，通常出现在肩部。时代集中在殷墟二期或二期晚段。

（8）兽首的装饰多使用于甲类B型、C型瓿和乙类A型瓿中，乙类B型Ⅱ式、Ⅲ式也设置有装饰兽首。这两类器的兽首形制基本相同，都做内卷角的羊首状，羊首鼻、目等面部刻画细致，羊角尖锐，其上饰人字形纹，表现出清楚的轮廓。其中甲Bb型Ⅱ式、Ⅲ式瓿羊首呈梯形，不及乙类瓿的羊角展开较宽，整体羊首较为瘦长，和乙类A型羊首较为接近。而乙类B型瓿的羊首面部整体明显，感觉宽阔丰满。乙类B型瓿分布于陕西、河南、山西地区。甲类B型瓿和乙类A型瓿多具有南方地区特点，因此这种兽首可以视为一种地方青铜器特征。

（9）扉棱的使用。陈芳妹在《“故宫”商代青铜礼器图录》中提到过扉棱的作用，认为扉棱的出现标志着纹饰向成熟复杂化发展，更为重要的作用是可以巧妙地掩盖器物的范线，达到美化装饰器物的作用[①]。青铜瓿的扉棱出现在殷墟一、二期，开始一般装饰在肩部，有鸟形扉棱和云状扉棱两种，后来在器物腹部和圈足部分也出现了扉棱。装饰扉棱既可以和两边的图案形成对称，又可以作为兽面的鼻梁。其装饰的精致复杂程度和器物的整个纹饰面积呈正比例关系。青铜瓿的颈、肩、腹、足四部分纹饰越多，也就意味着它的肩部必然设置扉棱。扉棱的使用和墓葬的级别呈正比例关系，如妇好墓中的两件青铜瓿，不光设置有精巧漂亮的棱脊，而且两件瓿均带盖子，盖上装饰有满满的纹饰。扉棱的使用，除了具有装饰器物表面的意义之外，也有影响器物形制风格的特点。因其高鼓于器物曲线之上，形成全器最突出的部分，既与整个器物浑然一体，又凸显亮点，极为引人注目。

第三节　小　　结

根据青铜瓿自身纹饰的特征，辅以与其他配套礼器的组合变化，青铜瓿纹饰的演化过程可分为早、晚二期。

早期相当于商代早期至殷墟二期，分前后两个阶段。

前段相当于二里冈上层偏晚。主体纹饰多为兽面纹，有凸起和平面两种，上下界栏或辅以连珠纹或云雷纹。风格粗犷、简朴，多为单层纹饰。

后段相当于殷墟一、二期。本阶段的纹饰在前段基础上，大量涌现新的类型。除了兽面纹以外，还有夔纹、连续雷纹以及勾连雷纹等。在纹饰风格上有了新的变化，出现了以排列非常整齐的云雷纹和羽片形纹组成的兽面纹、变形龙纹，双目凸出。殷墟一期时主体纹饰相当精致，但不使用浮雕，流行平雕线刻，兽面纹的主干不甚明显，鼻准不接触底栏。到了殷墟二期，浮雕大量出现，动物纹躯干与地纹明显区分，并且使用多层浮雕，纹饰刻画往往极其精湛。乳钉雷纹开始使用。器物立体装饰艺术也突飞猛进，各类浮雕器物栩栩如生。兽首、扉棱、鸟形的装饰多见于折肩瓿，其上的兽首面部多瘦长，圆肩瓿多为浮雕，勾连雷纹多见于圆肩瓿，折肩瓿则不见此类纹饰，兽首面部多宽扁。前者多见于南方地区，后者多见于北方地区。在殷墟二期晚段，纹饰风格更加趋于细密化，纹饰最为发达，装饰艺术达到高峰，以兽面纹为主体，由兽鼻尖通到阑底线而分割为两部分。纹饰不仅仅施在器身，有些器物视线不及的底部也装饰花纹。由浮雕、平雕和地纹组成的所谓的“三层花”出现。龙纹、勾连雷纹、乳钉雷纹继续流行，鸟纹主要作为器物辅助装饰纹饰开始使用。

晚期相当于殷墟三、四期。青铜瓿的纹饰艺术风格趋于平淡、简朴，出现了素面瓿。

---

① “故宫博物院”编辑委员会：《“故宫”商代青铜礼器图录》，台北“故宫博物院”，1998年，38页。

第六章　青铜瓿的墓葬组合分析

第一节　青铜瓿组合分析的意义

作为青铜礼器之一，青铜瓿是商代墓葬青铜器组合中的重要组成部分。孔子曰：“器以藏礼。”器指青铜礼器，它是当时贵族用来“明贵贱，辨等列”的标志性器物。《左传·成公十三年》：“国之大事，在祀与戎。”在祭祀祖先或天地神灵时，青铜器作为祭祀礼器，最能彰显祭祀礼仪的庄严肃穆和祭祀者的等级地位。张光直先生将青铜礼器比喻为商周贵族用以表明自己身份地位的“道具”。因此对于这些道具组合的研究，可以明辨墓主人的社会地位，考察当时的祭祀礼仪、社会等级制度等。

器物组合研究方面的学者有陈梦家、郭宝钧、杨锡璋和杨宝成以及邹衡等。陈梦家先生早在1949年以前就曾提出研究青铜器的分区域组合分类的意见。郭宝钧先生在20世纪60年代也曾以此为切入点，对我国商周青铜器群进行梳理研究，并提出“一群原群未散、有详确记录的科学发掘品，即一字不铭，它的本身已含有丰富的科学价值”①。20世纪70年代末，杨锡璋和杨宝成在殷墟西区墓地的发掘报告中认为：“在殷墟墓葬出土的青铜礼器中，以觚爵最为常见，墓中随葬铜觚爵及其他器类数量的多寡，反映了墓主人生前政治地位和身份的不同。”②

本书试图在前人研究的基础上，以科学发掘的、没有经过盗扰的完整青铜礼器组合为基础材料，以时间早晚为线索，考察不同时期青铜瓿墓葬组合的早晚变化规律，并揭示出当时社会的等级制度和社会关系等问题。对墓葬进行等级分类的标准很多，如墓道的多少、墓室规模大小、殉人多少、随葬品多寡等，通常这些因素是相辅相成的，呈正比例关系。规模越大，殉人和随葬品就会越多。但是这其中也存在不同时期人的观念差异，还有葬俗葬制礼仪的差异等因素，因此相比之下，只有墓室规模的大小是较为稳定的一项标准，最能反映墓主的等级地位。本书依据墓室面积的大小将墓葬划分为三个等级：墓室面积在4平方米以内的为小型墓；墓室面积在4～10平方米的为中型墓；墓室面积在10平方米以上的为大型墓。需要在此说明的是，这种分类只是针对瓿所做的一个墓葬规格大小的分类，不具有普遍性。

---

① 郭宝钧：《商周铜器群综合研究》，文物出版社，1981年，2页。

② 中国社会科学院考古研究所安阳工作队：《1969—1977年殷墟西区墓葬发掘报告》，《考古学报》1979年第1期。

第二节　各期墓葬器物组合研究

第一期：二里冈上层偏晚至殷墟一期阶段。

第一期的完整墓葬组合有：

（1）白家庄M2（1.5平方米），鼎1、斝1、爵1、瓿1、盘1。

（2）黄州下窑嘴（3.5平方米），鬲1、觚1、爵1、斝1、瓿1。

（3）盘龙城李家嘴PLZM1（残），鼎2、觚3、爵4、斝6、鬲2、簋2、瓿1、盘1、卣1、尊1。

（4）小屯M232（7.82平方米），鼎1、觚2、爵2、斝2、盘1、瓿2。

（5）小屯M388（8.64平方米），鼎1、觚2、爵2、斝2、卣1、瓿2、罍1。

除盘龙城李家嘴PLZM1不知道墓室面积外，其余4座墓中，小屯M232、M388的墓室面积均在4平方米以上，为中型墓；而白家庄M2、黄州下窑嘴，在4平方米以下，为小型墓。一期没有大型墓，只有中、小型墓。中型墓中"鼎+觚+爵+斝+瓿"为固定组合，在小型墓中，也是以"爵+斝+瓿"这些酒器为主，食器只有鼎，水器只有盘。在"觚+爵+斝"这个商代墓葬中的固定搭配在小型墓中，则有瓿无觚，是作为盛酒器而存在的。而在盘龙城李家嘴PLZM1中，酒器组合为觚+爵+斝+瓿+尊，饮酒器为爵，盛酒器为觚、斝、瓿、尊。在这个墓葬中，瓿和觚、尊同时作为盛酒器出现，可见瓿的地位不低。在小屯M232、M388这两座中型墓中，作为酒器的觚、爵、斝都是成对出现，而瓿也是两件，瓿和觚、爵、斝地位相当，均为成对出现。在这两个墓葬中除了食器鼎、水器盘之外，其他器物无一例外全是酒器，在小屯M388中，除了一件鼎之外，其他器物全是酒器，而且还有成对出现的觚、爵、斝、瓿，以及卣。商人重酒的习俗显而易见。

由此可见，在第一期，作为酒器的瓿只出现在中、小型墓葬中。在白家庄M2中，"斝+爵+瓿"的组合显示了瓿作为盛酒器的重要性。而在盘龙城李家嘴墓中，酒器除了"觚+爵+斝"的标准组合之外，另有大型盛酒器瓿的出现。小屯M232中瓿和其他酒器也是同时出现，并且为两件，也显示了墓主人非同一般的身份和地位。

第二期：分为早、晚两段，早段，即殷墟二期；晚段，即殷墟三、四期。

早段完整的组合有：

（1）1959武官村M1（7.4平方米），鼎2、觚2、爵2、斝1、瓿1、甗1。

（2）小屯M5（22.4平方米），鼎31、觚53、爵40、斝12、罍2、尊10、瓿3、甗10、簋5、卣2、盉6、盘2、壶4、方彝5、觯2、觥8、盂1、缶1、斗8。

（3）大司空村M663（6.6平方米），鼎2、簋1、觚2、爵2、方彝1、瓿1。

（4）殷墟西区M613（6.37平方米），鼎1、觚1、爵1、瓿1。

（5）殷墟YM331（6.08平方米），鼎2、觚3、爵3、斝3、瓿1、尊2、甗1、盉1、卣1、斗1。

在这一阶段的五种组合中，属于中型墓的有4座，大型墓的有1座。YM331中酒器组合为觚+爵+斝+瓿+尊+卣，食器只有鼎和甗；武官村M1中的酒器组合为觚+爵+斝+瓿，食器只有鼎和甗，这两个中型墓中的酒器占到总器物的3/4，而瓿均为1件；小屯M5中，酒器组合为觚+爵+斝+罍+尊+瓿+卣+壶+方彝+觯+觥，酒器也是占到绝大多数。瓿在中型墓中的数量都是1件，在大型墓中的数量为3件，并且与2件罍同出，斝和甗在殷墟西区的墓葬里则不见，因此在上述组合中，酒器的总数占据最大优势，瓿在此时期的大、中型墓葬中经常出现。

另外，我们还发现YM331中的酒器组合，觚、爵、斝的数量均为3，而瓿和尊的数量分别为1和2，其瓿和尊的总和与觚、爵、斝的数量相同。武官村M1中，鼎、觚、爵的数量均为2，斝和瓿数量分别为1，两件器物数量之和等于鼎、觚、爵各自的数量；在大司空村M663中，鼎、觚、爵的数量均为2，瓿和方彝各1，瓿和方彝之和等于鼎、觚、爵各自的数量。通过以上三组数据分析，即瓿在鼎、觚、爵、斝这个组合中为可以作为替补的一类酒器，在数量上，如果瓿只有1件，就会有1件尊，或者1件方彝；如果斝只有1件，也会出现1件瓿。基本上瓿的数量均比鼎+觚+爵+斝少，因此瓿在这一时期的酒器组合中，是作为替补的一类酒器。

值得一提的是在小屯M5中，瓿和其他器物一样，装饰艺术达到了极致。扉棱的使用从器盖到肩、颈、腹、圈足，将器物分为若干部分，在肩部饰以兽首，主题纹饰为兽面纹，颈部、腹部甚至圈足均饰以大小相同的夔纹，器盖部分装饰反方向的夔纹，菌形纽也装饰得相当精致。由墓中瓿的装饰，可见墓主人的身份地位是何等尊贵。

本阶段总体来说继承了第一阶段的特点，仍以酒器为主。同时也出现了食器簋，炊器仍然是鼎和甗。

晚段：殷墟三、四期。

完整的组合有：

（1）殷墟西区M355（3.94平方米），鼎1、觚1、爵1、瓿1、簋1。

（2）1994年大司空村94ASM7（6.27平方米），鼎1、觚2、爵2、斝1、瓿1、卣2、尊1、甗1、簋1、觯1。

（3）岐山贺家村M1（11.89平方米），鼎1、斝1、瓿1、卣2、簋1。

本阶段的特点：酒器种类和数量较前一阶段减少，不见方彝，瓿的数量和墓室面积没有关系，无论是岐山贺家村的大型墓，还是殷墟西区M355的小型墓，瓿的数量一直是1，食器增加了新器类——簋。

总之，在商王畿及其周边地区中，以黄河中游两岸地区墓葬随葬青铜瓿最为普遍，同出的随葬品也有觚、爵、斝，但组合显然不如殷墟墓葬严格，而且这里鼎、簋等食器更为常见。黄河中游两岸墓葬的规模都不清楚，估计大多可能是一般级别的贵族墓。刘家河、贺家村两座墓葬墓主地位应该十分显赫，而高家洞M1则可能是一般小贵族墓葬，在殷墟以外地区，青铜瓿的使用似乎没有严格的等级规定（表6-1）。

表6-1　青铜瓿墓葬组合统计表

序号	墓葬	墓室面积/平方米	殉人	出土器物	时代	备注
1	黄州下窑嘴商墓	3.5		鬲1、觚1、爵1、斝1、瓿1	二里冈上层	
2	安阳花园庄M60	1.4		鼎1、甗1、觚3、爵2、斝1、瓿1、尊1、斧1、刻刀1	殷墟一期	碎葬
3	小屯M232	7.82	8	鼎1、觚2、爵2、斝2、盘1、瓿2	殷墟一期	
4	小屯M388	8.64	3	鼎1、觚2、爵2、斝2、罍1、卣1、瓿1	殷墟一期	
5	藁城台西M1			鼎1、觚2、爵2、瓿1、斝1	殷墟一期	
6	藁城台西M112	6		鼎2、觚1、斝1、瓿1	殷墟一期	
7	平谷刘家河商墓	5.2		方鼎2、鼎3、鬲1、甗1、爵1、斝1、卣1、盉2、瓿2、盘2	殷墟一期	
8	石楼后兰家沟	不详		觚1、爵1、斝1、瓿1	殷墟一期	
9	小屯M188	1.93	2	鼎1、甗1、簋形器1、觚1、爵1、斝2、瓿1	殷墟二期早段	
10	1959武官村M1	7.4	6	鼎2、甗1、觚2、爵2、斝1、瓿1	殷墟二期早段	
11	喀左高家洞M1	2		瓿1	殷墟二期	
12	石楼桃花庄	4.25		鼎2、觚2、簋1、甗1、卣1、爵1、斝1、壶1、觥1、瓿1、盘2、斗1	殷墟二期	残
13	忻县牛子坪	不详		鼎1、爵1、斝1、瓿1、斗1	殷墟二期	大沟断崖
14	侯家庄M1001	约390	约164	瓿1	殷墟二期	被盗
15	保德林遮峪	不详		鼎2、豆2、卣1、瓿2	殷墟二期	
16	清涧张家坬			簋1、觚1、尊1、罍1、瓿1	殷墟二期	
17	清涧解家沟			鼎2、簋2、甗1、觚2、壶2、盘1、瓿1、勺1	殷墟二期	
18	绥德墕头村	约20		鼎1、簋1、壶1、觚1、爵1、瓿1、斗1、凿1、锛1、刀1、匕1、戈1、钺2、镞5、甲泡3	殷墟二期	

续表

序号	墓葬	墓室面积/平方米	殉人	出土器物	时代	备注
19	大司空村M663	6.6	4	鼎2、簋1、觚2、爵2、方彝1、瓿1	殷墟二期晚段	
20	小屯M5	22.4	16	鼎31、甗10、簋5、觚53、爵40、斝12、罍2、尊10、方彝5、壶4、觥8、瓿3、卣2、盉6、盘2、觯2、盂1、缶1、斗8	殷墟二期晚段	
21	岐山贺家村M1	11.89		鼎1、簋1、斝1、卣2、瓿1	殷墟三期	被盗
22	殷墟西区M613	6.37		鼎1、觚1、爵1、瓿1	殷墟二期	
23	安阳刘家庄北地M70	2.45		鼎1、觚1、爵1、瓿1、簋1	殷墟二期	
24	安阳刘家庄北地M220	3.32		鼎1、觚1、斝1、瓿1	殷墟二期	
25	1989年新干大洋洲	29.59		鼎30、瓿1、罍1、卣3、壶2、鬲5、甗3、簋1、盘1	殷墟二期	
26	殷墟西区M355	3.94		鼎1、觚1、爵1、瓿1、簋1	殷墟三期	
27	1994年大司空村94ASM7	6.27		鼎1、觚2、爵2、斝1、瓿1、卣2、尊1、甗1、簋1、觯1	殷墟四期	
28	陕西泾阳高家堡M4	8.89		鼎3、觚2、爵2、斝1、瓿1、卣2、尊1、甗1、簋1、盘1、盉1、觯2	西周初期	

第三节　墓葬组合规律小结

上文通过对青铜瓿在墓葬中组合变化的分析，大致理清了青铜瓿在各个时期礼制系统中扮演的角色和功用。兹归纳如下。

（1）作为酒器，一般情况下，中型墓葬（面积为4～10平方米）中觚、爵、斝、瓿、尊成为固定酒器组合，而且每种有2或3件，如果其中觚、爵、斝的数量均为2件，而瓿为1件，就会出现尊或者罍来和瓿一起实现2件的指标，达到酒器数量和种类的均衡。

（2）瓿作为随葬品的使用存在时代与地区的差异。在较早阶段的殷墟墓葬中，随葬青铜瓿的墓室面积较大，同出随葬品为觚、爵、斝各两套，如小屯M232、M388，可能随葬青铜瓿的墓葬规格属于级别较高的贵族，而在辽宁喀左高家洞出土青铜瓿的墓葬面积却只有2平方米，和青铜瓿同出的只有陶钵和碗，显然墓主人身份地位很低，属于级别低的贵族墓葬，和前者形成鲜明的对比和差异。还有出土青铜瓿的安阳花园庄M60，此墓非常特殊，墓葬面积仅1.4平方米，但是却出土了至少2套以上的觚+爵组合。除此之外，还有时代差异，黄州下窑嘴墓葬出土的瓿处于青铜瓿发展的早期阶段，即二里冈上层，而辽宁喀左高家洞青铜瓿处于殷墟二期。

（3）根据第二阶段的墓葬组合可见，瓿和罍在经历了第一期的瓿独出到小屯M5、岐山贺家村M1瓿、罍同出再到后来的瓿独出的过程，显示出瓿和罍的关系。

（4）从青铜瓿在礼制系统中的地位来看，自进入礼器组合以来，无论规格等级较高的贵族墓葬还是等级较低的平民墓葬，伴随青铜瓿同出的器物组合中大部分有鼎，尤其藁城台西M112，出土的墓葬组合只有鼎和瓿，可见此墓葬等级身份非同一般。

第七章　青铜瓿的分布状况及区域特征

第一节　青铜瓿的分布状况

截至2017年3月，在我国河南、陕西、山西、安徽、江苏、湖南、湖北、河北、北京、四川、江西、辽宁等地近50处经过科学发掘的墓葬或窖藏中，发现有青铜瓿这一器类，具体发掘地区及数量见表7-1。

表7-1　发掘出土青铜瓿统计表

分布区域	河南	陕西	山西	河北	北京	辽宁	湖南	湖北	安徽	江苏	江西	四川
数量	21	17	6	2	2	2	4	3	1	2	3	3

其中，河南作为商文化核心统治区，出土铜瓿21件，占出土总数的31.8%，在所有出土瓿的地区中排名第一。陕西出土17件青铜瓿，其总数仅次于河南。在这17件瓿中，陕北地区出土6件、陕南地区出土9件、关中地区出土2件。可见，瓿在陕南地区分布较多。因陕北出土瓿的地区文化面貌和山西出土地的文化面貌极为相似，因此如果陕北地区出土的6件加上山西出土的6件，其总数12件，已经超过陕南地区了，而在周人统治核心区的关中，却极为少见（图7-1）。其原因应该和周人禁酒、重食的礼俗有关。因这三个地区分别属于不同的青铜文化群，因此，本书将在下文分区中，对其分别论述。

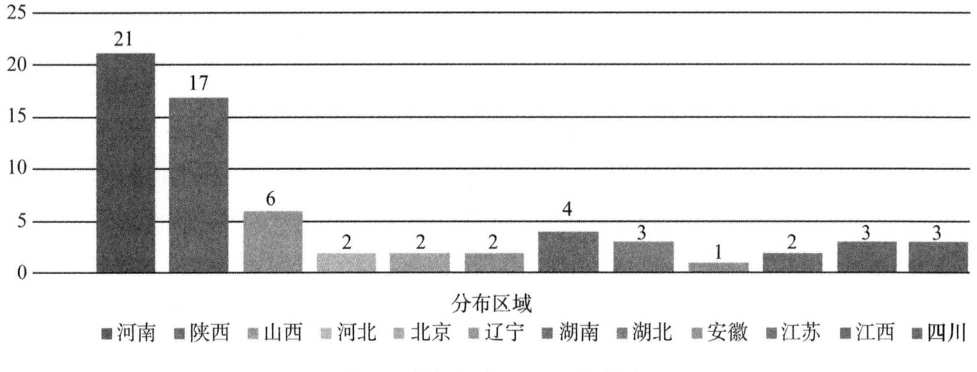

图7-1　青铜瓿出土地区分布图

根据这近50处墓葬和窖藏的发掘成果来看，基本可以理清青铜瓿存续的时间脉络，即出现于二里冈上层时期，发展于殷墟一期，兴盛于殷墟二、三期之间，逐渐衰落于殷墟三期晚段，西周初年几近消失。从时间上来看，基本贯穿殷商一代。

商代早期，即二里冈上层，这一时期的青铜甗出土于湖北黄州地区。至商代中期晚段（殷墟一期），甗的分布范围比较广泛，除商文化的核心区域河南安阳、郾城之外，陕西城固、山西石楼、北京平谷、河北藁城、湖北黄陂、安徽嘉山、江西南昌等地均有出土。商代晚期（殷墟二期至三期）早段，是青铜甗制作使用的鼎盛期，其在河南安阳殷墟，陕北清涧、延川、绥德，陕南城固，辽宁喀左等地均有出土。晚商时期（殷墟四期），河南安阳、江西新干偶有出土。西周时期的甗，陕西关中的岐山县曾发现1件，此后发掘的墓葬与窖藏中，再未发现青铜甗的存在。

通过科学发掘所梳理的时间脉络和区域分布，我们可将经发掘所出的青铜甗作为标本，对其分布状况做一研究，不但能了解不同区域间的青铜甗在器形、纹饰等方面的异同，以及相同区域内不同文化时期对其所产生的影响，还能由此窥见殷商时期华夏大地上各区域之间的文化交流与相互影响状况。

通过对各地区出土青铜甗的梳理，根据青铜甗的文化特征将其地域分为四区，即①中原文化区：指以河南郑州、安阳等地为中心的商文化核心区；②北方文化区：指北京、河北、辽宁等地①，以及陕西北部绥德、延川、清涧，山西吕梁、保德、石楼等地形成的铜器群区域；③陕南巴蜀文化区：指以城固、洋县为中心的陕西南部地区和以广汉为中心的四川东部地区；④长江中下游文化区：指位于长江中下游地区的湖南、湖北、江西、安徽、江苏、浙江等地区。

第二节　青铜甗的区域特征

一、中原文化区

中原地区是青铜甗的发源地。成汤建商，定都于亳，后历经不断迁徙，至盘庚时，定都于殷②。随着商王国的五次迁都，其统治中心也随之变迁。作为早商文化代表的郑州二里冈商城，商代早期的青铜器多集中于此地及周边地域出土。盘庚迁殷，商王国的统治中心迁移至今河南省安阳市的殷墟一带，因此，商代晚期的青铜器多集中于此。而商代中期的青铜器分布范围比较广泛，从出土情况来看，也的确印证了这一点，出土地区涉及王畿地区及其附近，如郑州、郾城、灵宝、新郑、安阳等地。

目前中原文化区出土的青铜甗数量是所有区域中最多的。殷墟一期早段的典型器

① 乌恩：《殷至周初的北方青铜器》，《考古》1985年第2期，135页。

② 胡厚宣、胡振宇：《殷商史》，上海人民出版社，2003年。

物类型是甲类A型，器物有1979年郾城拦河潘瓿（图3-2，1）[①]；殷墟一期的典型器物类型是乙类A型，器物有1936年安阳小屯M188R2055瓿、1954年郑州出土兽面纹瓿（图7-2，1）[②]、1959年安阳武官村M1：5勾连雷纹瓿（图3-15，1）、1974年灵宝东桥瓿（图2-1，2）、2001年安阳花园庄东地M60瓿（图7-2，2）[③]。

1　　2

图7-2　青铜瓿

1. 1954年郑州出土兽面纹瓿　2. 2001年安阳花园庄东地M60瓿

自殷墟二期开始，折肩瓿和圆肩瓿同时盛行。折肩瓿有甲类B型，如1952年安阳出土兽面纹瓿（图3-5，3）[④]；圆肩瓿的典型器物类型为乙类瓿，如1934年安阳西北岗出土瓿（R11021）[⑤]、殷墟西区第三墓区M613瓿、小屯瓿（M5：778）（图3-16，2）等。

至晚商时期，青铜瓿的形制既有圆肩瓿也有折肩瓿，其出土地依旧集中在殷墟地带，如2005年安阳殷墟综合楼M1：1瓿（图7-3，1）[⑥]，以及殷墟刘家庄北地M70：2瓿（图7-3，2）[⑦]、M220：2瓿（图7-3，3）[⑧]。

特别值得注意的是，与中原文化区同属青铜器出土重镇的陕西关中地区，在已发掘的商代墓葬或窖藏中，青铜瓿很少发现。

目前，陕西关中地区发掘出土的瓿，是1973年陕西岐山贺家村出土的庚瓿（图

① 马今洪：《试论青铜瓿》，《上海博物馆集刊》，上海书画出版社，2000年，图一。

② 《河南出土商周青铜器》编写组：《河南出土商周青铜器》，文物出版社，1981年，图77。

③ 中国社会科学院考古研究所、安阳市文物考古研究所：《殷墟新出土青铜器》，云南人民出版社，2008年，67页。

④ 《河南出土商周青铜器》编写组：《河南出土商周青铜器》，文物出版社，1981年。

⑤ 河南省博物馆、灵宝县文化馆：《河南灵宝出土一批商代青铜器》，《考古》1979年第1期，20～22页。

⑥ 安阳市文物考古研究所：《2002年安阳北徐家桥村北商代遗址发掘简报》，《中原文物》2017年第5期。

⑦ 中国社会科学院考古研究所安阳工作队：《河南安阳市殷墟刘家庄北地2010～2011年发掘简报》，《考古》2012年第12期。

⑧ 中国社会科学院考古研究所安阳工作队：《河南安阳市殷墟刘家庄北地2010～2011年发掘简报》，《考古》2012年第12期。

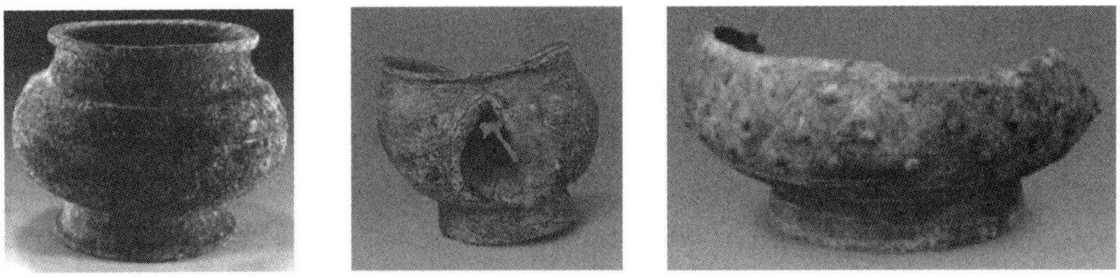

1　　2　　3

图7-3　青铜瓿

1. 殷墟徐家桥综合楼M1：1瓿　2. 殷墟刘家庄北地M70：2瓿　3. 殷墟刘家庄北地M220：2瓿

1　　2

图7-4　青铜瓿

1. 陕西岐山贺家村出土的庚瓿　2. 陕西泾阳高家堡出土的又瓿

7-4，1）[①]和泾阳高家堡出土的又瓿（图7-4，2）[②]。

前者斜平沿，束颈，圆腹，圈足。颈和肩饰弦纹三周，腹有一道瓦纹。腹内底部有一“庚”（）字铭文[③]。后者圆直口，方圆唇，直筒形颈，斜肩，最大径在肩部，深腹，壁近直，下腹弧形内收，圜底。矮圈足。颈饰一周双层三角形锯齿纹，颈部和上腹部饰一周四组鸟纹，中隔小扉两两对立，肩、腹交界处饰四个高浮雕兽头，下腹饰四个兽面纹，圈足饰两周凸弦纹。器底内壁阴铸铭文“又”字[④]。这两座墓葬，根据发掘者的研究，均属西周早期。庚瓿的墓主人属于与周人关系密切的庚族[⑤]，而又瓿的

---

① 陕西省博物馆、陕西省文物管理委员会：《陕西岐山贺家村西周墓葬》，《考古》1976年第1期。

② 泾阳县博物馆：《泾阳高家堡出土的青铜器》，《文博》1997年第5期。

③ 陕西省博物馆：《陕西岐山贺家村西周墓葬》，《考古》1976年第1期，34页。

④ 周艳明：《高家堡铜器群综合研究》，西北大学硕士学位论文，2010年，16、27页。该文将此件铜器定为“罍”，而且，该文在第21页还曾言及这件罍的形式特别，不见其他记载，但通过和甲型瓿的比较，这件器物无论是器形还是纹饰，都十分相似，由此可见，这件器物应该就是瓿，笔者认为应为甲类A型Ⅱ式瓿。

⑤ 张懋镕：《周人不用族徽说》，《古文字与青铜器论集》第一辑，科学出版社，2002年，227页。

墓主人则属于殷商的遗民戈族[①]。他们的墓中出土流行于殷商一代的青铜瓿，证明两族除受到周文化的影响外，还没有完全从殷商时代的传统中转变过来，即郭宝钧先生在《商周铜器群综合研究》中提出的："殷代重酒组合，周代重食组合。"[②]也就是说，关中地区本来不属于商人统治的核心区域，瓿这种代表性酒器，在"重食"成风的周人腹地，并无市场。只是在西周初年，还没有彻底被周人的强大文化影响力同化的部族中，多少保存着一些像瓿这种流行于殷商一代的典型酒器。

综上所述，中原文化区的瓿有如下特点。

（1）数量多。尤其是河南地区为22件，较其他区域为多。

（2）型式丰富。甲类A型、B型，乙类A型、B型都包括其中，主要以乙类瓿最多，乙类瓿中又以B型最为多见。

（3）流行时间长。时代最早的瓿为殷墟一期早段的郾城拦河潘瓿，最晚的瓿为泾阳高家堡出土的叉瓿，为西周早期。中原地区的瓿几乎贯穿了瓿的发展历史。

二、北方文化区

可分为晋陕高原文化类型和北京、辽宁、河北文化类型两个类型区域。

（一）晋陕高原文化类型

20世纪50~70年代，考古工作者陆续在黄河两岸的陕西北部和山西中北部地区发现了若干处殷商时期的青铜器墓葬或窖藏。经过专家学者的研究，这一地区出土的青铜器群，一部分被冠以"石楼-绥德类型"[③]称谓，并被划归到与以二里冈和殷墟为代表的中原商文化核心区有所区别的晋陕高原文化区中加以审视。

属于这一文化区域的青铜瓿有1964年清涧张家坬云雷纹瓿，1965年绥德墕头村三羊首瓿，1977年清涧解家沟兽面纹瓿，1987年延川马家河勾连雷纹瓿，1957年山西石楼后蓝家沟三羊首乳钉纹瓿，1971年保德县林遮峪村乳钉雷纹瓿、兽面纹瓿，1958年吕梁贺家坪兽面纹瓿等。

其中，陕西北部地区延川、绥德、清涧出土的青铜瓿，除延川马家河勾连雷纹瓿属殷墟二期早段外，基本属于殷墟二期。山西地区，除了石楼县三羊首乳钉纹瓿和吕梁贺家坪出土的瓿属于殷墟一期以外，其他出土瓿，基本也属殷墟二期。

---

① 周艳明：《高家堡铜器群综合研究》，西北大学硕士学位论文，2010年，63页。

② 郭宝钧：《商周铜器群综合研究》，文物出版社，1981年，121～124页。

③ 李伯谦：《从灵石旌介商墓的发现看晋陕高原文化的归属》，《北京大学学报》1988年第2期。

从类型上看，晋陕高原文化区内出土的青铜瓿，都属于乙类圆肩瓿类型。只是在细分类别上稍有不同。例如，属于乙类A型Ⅲ式的，有山西忻县连寺沟勾连雷纹瓿（图7-5，1）[①]、1960年吕梁石楼瓿（图7-5，2）[②]、保德兽面纹瓿（图7-5，3）[③]。

1　2　3

图7-5　乙类A型Ⅰ式青铜瓿

1. 山西忻县连寺沟勾连雷纹瓿　2. 吕梁石楼瓿　3. 保德兽面纹瓿

属于乙类A型Ⅱ式的，有石楼后兰家沟三羊首乳钉纹瓿[④]、绥德墕头瓿（图7-6，1）[⑤]、清涧张家坬云雷纹瓿（图7-6，2）[⑥]、清涧解家沟瓿（图7-6，3）[⑦]。

1　2　3

图7-6　乙类A型Ⅱ式青铜瓿

1. 绥德墕头瓿　2. 清涧张家坬云雷纹瓿　3. 清涧解家沟瓿

属于乙类B型Ⅱ式的，有延川马家河勾连雷纹瓿、吕梁贺家坪兽面纹瓿等。属于乙类B型Ⅲ式的有1971年保德林遮峪村乳钉雷纹瓿（图3-15，4）[⑧]、1958年吕梁贺家坪瓿等。

---

① 沈振中：《忻县连寺沟出土的青铜器》，《文物》1972年第4期，67页。

② 谢青山、杨绍舜：《吕梁石楼镇又发现铜器》，《文物》1960年第7期，51页。

③ 吴振录：《保德新发现的殷代青铜器》，《文物》1972年第4期，63页。

④ 郭勇：《石楼后兰家沟发现商代青铜器简报》，《文物》1962年第4、5期。

⑤ 陕西省考古研究所、陕西省文物管理委员会：《陕西出土商周青铜器》，文物出版社，1979年，图版七九。

⑥ 陕西省考古研究所、陕西省文物管理委员会：《陕西出土商周青铜器》，文物出版社，1979年，图版六二。

⑦ 陕西省考古研究所、陕西省文物管理委员会：《陕西出土商周青铜器》，文物出版社，1979年，图版六七。

⑧ 吴振录：《保德县新发现的殷代青铜器》，《文物》1972年第4期。

以上这些出土瓿中，大部分从其形制、纹饰方面，很接近殷墟器。但还有一部分，具有地方特点，如保德林遮峪村出土瓿，肩、腹部带云状扉棱，斜方格乳钉纹，乳钉为尖乳，乳钉纹接近中原形制，也是一种受到商文化影响的青铜文化。山西石楼后兰家沟瓿除乳钉接近中原特点外，上面的兽首比起妇好瓿和城固莲花村三羊首瓿（1973CHLHT1：1）偏瘦长。

晋陕高原文化类型的特点。

（1）器形方面，就目前所掌握的资料来看，全部为乙类圆肩瓿，甲类瓿在此区域未发现。乙类圆肩瓿中，属于乙类A型的瓿在数量上较乙类B型更多。和中原文化圈中出土的瓿相较，乙类A型瓿形制特征完全接近，如乳钉、兽面纹饰以及圈足的方形镂孔，而乙类B型瓿却不尽相同。不同之处在于扉棱的形制，中原出土乙类B型瓿的扉棱为厚重的棱脊，而晋陕出土的此类扉棱却为轻巧的云状扉棱，更加接近南方地区的云状或鸟状扉棱。

（2）数量方面，晋陕地区出土瓿共有12件，在出土青铜瓿中仅次于中原文化区。

（3）伴出器物中，蛇首匕、铃首刀较为常见，这些兵器、工具在黄河两岸的陕北和山西地区均有发现。

商王朝建立后，商人的势力范围开始向周边地区扩展，商文化得以巩固并获得进一步发展，山西中南部连同河北、陕西大部成为商文化的主要影响区之一，形成了所谓的商代“青铜礼器文化圈”[①]。而在商代晚期之前，受商王朝政局变动的影响，商文化的实力受到很大影响，其覆盖范围在一定程度上被迫收缩。在这种背景之下，周边地区的各支文化获得了相对较为宽松的发展空间。这一时期晋南地区的文化面貌呈现出中原商文化和北方青铜文化相互融合的特点，器物组合方面基本上接受商文化的礼制传统，而在兵器和装饰器等具体的器类上则表现出更多北方系青铜文化的因素。殷墟文化二期早段左右，商文化再度出现繁荣的局面，此时山西各地也呈现出不同的发展状态。晋中地区继续保持了同中原商文化的密切关系，彼此之间文化交流较为频繁，墓葬中随葬品的基本组合常见以觚、爵、斝为组合的中原商文化特征。晋南地区在早商时期形成的融合型文化面貌的基础上，不仅继续存续有晋中地区早商晚期的部分文化因素[②]，还受到中原商晚期文化的强烈影响，两者得以进一步交流、融合[③]。晋西北地区的青铜文化在这一时期形成了繁荣发展的局面。这些铜器多数出自墓葬，其中有典型的商式器，如鼎、簋、甗、觚、爵、斝、瓿等，不仅在器物造型上，而且在

① 徐良高：《文化因素定性分析与商代“青铜礼器文化圈”研究》，《中国商文化国际学术讨论会论文集》，中国大百科全书出版社，1998 年。

② 林沄：《中国北方长城地带游牧文化带的形成》，《燕京学报》第 14 期，北京大学出版社，2003 年。

③ 海金乐、韩炳华：《灵石旌介商墓》，科学出版社，2006年；桥北考古队：《山西浮山桥北商周墓》，《古代文明》第 5 卷，文物出版社，2006 年。

器物组合上也明显带有商人以觚、爵等为基本礼器组合的作风，表现出晚商文化的强烈影响。进入殷墟文化三、四期阶段，晋中及其以南地区继续受到晚商文化的影响，在这些地区的考古学文化中，商文化因素所占的比例有所增大[①]；而包括晋西北地区在内的晋陕高原地区也进入了青铜文化发展较为成熟的阶段，地方特点的普遍存在，表明其对中原商文化的接受是有选择的。此时，陕西关中地区开始出现以高领袋足鬲和联裆鬲为代表的先周文化[②]，随着其势力的不断东扩发展，也将其文化影响传播至陕西北部及山西地区，表现为山西及陕北区域内各考古学文化中先周文化因素增多，如带有乳钉纹的青铜簋[③]、以瘪联裆鬲为代表的典型周器和以鼎、簋为主的器物组合。

由此可见，大致在殷墟文化二、三期阶段，山西地区的商代青铜器进入发展繁荣阶段，主要器形皆产生于这一时期，基本奠定了本地区商代青铜文化的大致形态。

（二）北京、辽宁、河北文化类型

60多年来的考古成就已明确告诉我们：从辽宁喀左—河北丰宁、灵寿、藁城、赵县、磁县—河南安阳一线发现大量商墓、遗址及铜器，这里是殷商文化氛围极其浓厚的地区[④]。

在出土青铜瓿中，属于这一文化区类型的有藁城台西M1兽面纹瓿、藁城台西M112瓿、平谷刘家河兽面纹瓿、喀左北洞村瓿和喀左高家洞村瓿等，即河北2件、北京2件、辽宁2件。

以上这些出土瓿，就分期来看，藁城台西两瓿，M1兽面纹瓿属于殷墟一期早段，M112瓿属殷墟一期；北京平谷刘家河出土瓿，属殷墟一期；1973年喀左北洞村瓿和1979年喀左高家河瓿属于殷墟二期。

从类型上看，均为乙类圆肩瓿类型。属于乙类A型Ⅰ式的，有藁城台西M1兽面纹瓿（图7-7，1）[⑤]、藁城台西M112瓿（图7-7，2）[⑥]。属于乙类Ⅰ式的有北京平谷刘

---

① 国家文物局、山西省考古研究所、吉林大学考古学系：《晋中考古》，文物出版社，1999年。

② 张天恩：《关中商代文化研究》，文物出版社，2004年，260页；邹衡：《论先周文化》，《夏商周考古学论文集》，文物出版社，1980年。

③ 右玉县文化馆：《山西右玉县发现青铜簋》，《考古》1983年第8期；黑光、朱捷元：《陕西绥德墕头村发现一批窖藏商代铜器》，《考古》1975年第2期。

④ 张懋镕：《周人不用族徽说》，《古文字与青铜器论集》第一辑，科学出版社，2002年，227页。

⑤ 河北省博物馆、河北省文物管理处：《河北省藁城县商代遗址和墓葬的调查》，《考古》1973年第1期，图版9。

⑥ 河北省文物研究所：《藁城台西商代遗址》，文物出版社，1985年，彩版三，129页。

家河兽面纹瓿（图7-7，3）①、辽宁喀左北洞村瓿（图7-7，4）②及喀左高家洞村瓿（图7-7，5）③。

图7-7　北京、辽宁、河北类型的瓿

1. 藁城台西M1兽面纹瓿　2. 藁城台西M112瓿　3. 北京平谷刘家河兽面纹瓿　4. 辽宁喀左北洞村瓿　5. 喀左高家洞村瓿

上述两个文化类型总体上构成了青铜瓿北方文化区的文化面貌。无论是北京、辽宁、河北地区文化类型，还是晋陕高原文化类型，均与中原文化区内出土的瓿型式上没有太大的变化，基本一致，只是纹饰略有不同。因此，我们认为，以出土青铜瓿的型式和分期来看，河北、北京及辽宁喀左地区有殷商典型酒器之一的青铜瓿出土，主要原因还在于地区之间的交流比较频繁。而晋陕高原文化区则属于殷商王国的一个方国，无论战争还是合作，均和殷商王朝有极为频繁密切的文化交流。

三、陕南巴蜀文化区

通过对发掘青铜瓿的分类来看，陕西地区的青铜瓿，主要集中出土于陕北和陕南两地。上文提及，陕北地区的青铜瓿，应是和殷商王国有密切关系的方国文化产物，而陕南地区从出土的青铜瓿数量来看，较陕北更多。四川广汉三星堆的青铜瓿显然受

① 北京市文物管理处：《北京平谷县发现商代墓葬》，《文物》1977年第11期，图版4-4。

② 辽宁省博物馆、朝阳地区博物馆：《辽宁喀左县北洞村发现殷代青铜器》，《文物》1973年第4期，图版6。

③ 辽宁省文物考古研究所：《辽宁喀左县高家洞商周墓》，《考古》1998年第4期。

到城固、洋县青铜瓿的影响。本书在区域划分时，将其概括为陕南巴蜀文化区。

该器类的主要出土地点在陕西省汉中市的城固县和洋县两地，这一地区，自20世纪50年代以来至今，陆续发现青铜器710件之多①，被称为“城洋铜器群”。

从数量来看，汉中地区的青铜瓿为9件，在全国区域中居于中间。

从器形角度来看，出现的青铜瓿有甲类A型，乙类A、B型，主要以乙类B型Ⅰ式为主。甲类A型有1964CHWT：1兽面纹瓿、1965CHWT：1兽面纹瓿，乙类A型有1990YMAT：2乳钉雷纹瓿，乙类B型Ⅰ式有1990YMAT：1兽面纹瓿、1990YMAT：3兽面纹瓿、1990YMAT：4兽面纹瓿、1990YMAT：5兽面纹瓿，乙类B型Ⅱ式有1973CHLHT：1三羊首瓿、1975CHWT：1三羊首瓿，B型Ⅲ式有1974年城固蔡家坟出土瓿。

从分期角度来看，城洋铜器群中的青铜瓿自殷墟一期早段一直延续到殷墟二期。其中，属于殷墟一期早段的有3件，即城固县莲花办事处杜家漕瓿，城固五郎庙1965CHWT：1兽面纹瓿、1964CHWT：1兽面纹瓿（图7-8，1）。属于殷墟一期的有5件，分别为1974城固蔡家坟三羊首瓿以及洋县1990YMAT：1、1990YMAT：2、1990YMAT：3（图7-8，2）、1990YMAT：4、1990YMAT：5瓿（图7-8，3）等。属于殷墟二期的有2件，分别为1975年城固五郎庙CHWT：1瓿（图7-8，4），1973年城固莲花村瓿②。

1 2 3 4

图7-8 青铜瓿

1. 城固五郎庙1964CHWT：1兽面纹瓿 2. 洋县马畅安冢1990YMAT：3瓿

3. 洋县1990YMAT：5瓿 4. 1975年城固五郎庙CHWT：1瓿

① 赵丛苍：《城洋青铜器》，科学出版社，2006年，218页。

② 本节中所有瓿的图片，均来自赵丛苍：《城洋青铜器》，科学出版社，2006年。

从铸造工艺来看，城洋青铜器的工艺非常精湛，无论是斜方格乳钉雷纹还是兽面纹、四羊兽首，都纹饰精美、兽首生动而富有灵性、器物表面色泽饱满，1990YMAT：1甗，在腹部兽面眼睛周围排列整齐密集的羽状纹饰，栩栩如生。

由以上所列举的出土青铜甗的图片可以看出，无论从形制还是从本书专章的纹饰来看，城洋青铜器群基本上可以归纳到殷墟青铜器系统之中。但同时，如城固1965CHWT：1甗、城固1964CHWT：1甗，则显示出与中原商文化核心区域所出土甗不同的器形特点，部分接近1953年安徽嘉山县泊岗出土的一件兽面纹甗①。

对于青铜甗等与殷商文化核心区具有一定关联性的青铜礼容器，学者们普遍认为，这部分器物可能是从商文化区传入的，是“积极接受商文化”的结果。而当地所出青铜兵器则是借鉴商文化因素，根据自己需要创造的②。

对于城洋青铜器群的主人，学界普遍认为，应该是所谓宝山文化所属的族群，而城洋青铜器群中的商式礼器，应该属于这一族群中社会上层所有③。那么，这个身处秦巴山区的族群是如何接受商文化的输入和影响的呢？就目前研究来看，是一条贯通关中和汉中地区的秦岭南北向河谷，将殷商青铜文明带入了秦巴山区④。同时，又向汉中地区周边的巴蜀地区逐渐扩散。“由关中地区经秦岭南北河谷，汉水上游汉中地区，再向南至古代巴蜀地区也应当是巴蜀地区与商文化联系的一条主线。三星堆文化中商式青铜器主要是酒器尊和罍，只是形制上多有变革，这种情况与上述城洋青铜器群重尊、罍的情况近合，亦是商后期这些地区与汉中地区有文化联系的证明。当然，这种联系并非只是单向的，即只是商文化对西南地区的影响，也应包括这些地区的青铜文化对商文化区域给予的多种影响。”⑤

至于四川广汉三星堆的青铜甗，不仅与城固、洋县青铜甗有关联，而且形制上铜甗很相近，其中的原委很值得研究。

四、长江中下游文化区

长江中下游地区，殷商时期，形成了很多少数民族的方国。他们一方面通过文化交流和战争，与商文明逐渐融合、影响；另一方面也在发展过程中，形成了自身的文明特点。

湖北、湖南、安徽、江西、江苏5个长江中下游省份，均有青铜甗出土。其中，湖

① 葛治功：《安徽嘉山县泊岗引河出土的四件商代铜器》，《文物》1965年第7期。

② 赵丛苍：《城洋青铜器》，科学出版社，2006年，244页。

③ 朱凤瀚：《中国青铜器综论》，上海古籍出版社，2009年，1147页。

④ 西北大学文博学院：《城固宝山（1998年发掘报告）》，文物出版社，2002年。

⑤ 朱凤瀚：《中国青铜器综论》，上海古籍出版社，2009年，1147页。

南最多，湖北、江西次之，安徽最少，只有1件出土。

就分期来看，属于二里冈上层时期的有，上层偏早阶段的1992年湖北黄州下窑嘴兽面纹瓿。属于殷墟一期的有1991年湖北黄陂鲁台镇兽面纹瓿、1987年湖北安陆兽面纹瓿、1953年安徽嘉山兽面纹瓿、1964年江西南昌老福山汉木椁墓兽面纹瓿、2001年湖南宁乡黄材瓿。属于殷墟二期的有1973年江苏江宁三羊首瓿，以及属于晚段的1959年湖南宁乡寨子山兽面纹瓿、1982年湖南岳阳四羊首瓿、1984年新邵陈家坊瓿。属于殷墟三期即其后的有1989年江西新干大洋洲四羊首瓿等。

就类型来看，属于甲类A型的有1992年湖北黄州下窑嘴兽面纹瓿（图7-9，1）[①]、1953年安徽嘉山兽面纹瓿[②]。

属于甲类B型的有1973年江苏江宁三羊首瓿。

属于甲类C型的有1989年江西新干大洋洲四羊首瓿[③]、1982年湖南岳阳舫兽面纹瓿[④]、1973年江苏江宁三羊首瓿[⑤]。

属于乙类A型的有1964年江西南昌老福山西汉木椁墓兽面纹瓿[⑥]、1987年湖北安陆兽面纹瓿（图7-9，2）[⑦]。

属于乙类B型Ⅲ式的有1959年湖南宁乡寨子山兽面纹瓿[⑧]。

1　　2

图7-9　青铜瓿

1. 湖北黄州下窑嘴兽面纹瓿　2.湖北安陆兽面纹瓿

通过上文的图文列举及介绍，我们不难看出，长江中下游一带的青铜瓿，带有

① 黄冈地区博物馆等：《湖北省黄州市下窑嘴商墓发掘简报》，《文物》1993年第6期，56～60页。

② 葛治功：《安徽嘉山县泊岗引河出土的四件商代铜器》，《文物》1965年第7期，23页。

③ 《中国青铜器全集》编辑委员会：《中国青铜器全集·4》，文物出版社，1998年，图版92。

④ 张经辉、符炫：《岳阳市新出土的商周青铜器》，《湖南考古辑刊》第2集，岳麓书社，1984年。

⑤ 《中国青铜器全集》编辑委员会：《中国青铜器全集·4》，文物出版社，1998年，图版96。

⑥ 江西省文物管理委员会：《江西南昌老福山西汉木椁墓》，《考古》1965年第6期，图版3。

⑦ 余从新：《湖北安陆发现商代青铜器》，《考古》1994年第1期，95页。

⑧ 《中国青铜器全集》编辑委员会：《中国青铜器全集·4》，文物出版社，1998年，图版102。

明显的南方特色，有一部分青铜器杂糅了地方特色文化因素。当然部分器形还是表现出了殷式青铜器的特点。但是，在部分器物受到殷商文明的直接影响时，依然形成了符合本地审美情趣的地区青铜器文化。如江西新干大洋洲四羊首瓿、湖南岳阳兽面纹瓿、江苏江宁三羊首瓿，就是这类杂糅了殷商文化和地方特色文化的典型代表器物。对比其形制不难看出，在制作过程中，明显受到了来自殷墟青铜器中甲类A型瓿，即折肩瓿的影响，并在其上增加了兽首和富含地域特色的兽面纹。

再如宁乡寨子山出土的瓿，从其形制和纹饰看，几乎与殷墟小屯M5瓿，即商王武丁的王后妇好墓出土的妇好瓿如出一辙。用往常的观点来审视，这必然是殷商文化通过交流或战争，远及湖南地区，并带来了形制、纹饰如出一辙的造型奇特的青铜瓿。但是，近期的部分研究文章却颠覆了这种看法。上海博物馆胡嘉麟师兄撰文指出，湖南宁乡寨子山的带盖瓿，似乎应该不是受到中原核心商文化区的影响而形成的，恰恰是其影响了商文化核心区中一些青铜礼容器的制作。如安阳小屯M5妇好墓中出土的妇好瓿，该瓿从形制上来看，不是殷墟青铜器惯常的制作模式，恰恰有可能受到了来自商文明边缘区的方国青铜文化的影响①。吴晓桐认为，宁乡黄材出土的瓿与寨子山出土瓿有所不同，殷墟一期的大型瓿，可能是当地铸造的产物，而非由殷商文化核心区直接传入的②。前文从纹饰和器形的流变，以及器物组合的角度论证了长江流域的青铜文明影响商文化核心区的可能性。后文则从其铸造地出发，为这种反向影响的可能性提供了铸造技术和地点支持。

我们认为，商代核心文化区和位于长江中下游的方国青铜文化交流是双向的，这点毫无疑问。但是，到底是谁影响了谁，还值得进一步探讨。

在青铜瓿的分布区域中，值得一提的是，作为考古文化大省的山东地区竟然没有青铜瓿的发现和出土③，这不得不引起我们的关注和思考。山东地区是华北平原南部一块相对独立的地理单元。在商代，由于都城多在今天的冀鲁豫边境一带，自新石器时代以来所形成的文化分界被打破，商文化统治了山东大部分地域④。殷商时代的遗址，几乎遍布山东各地。出土青铜器较多的益都苏阜屯一号大墓出土的两组铜器中，并没有发现青铜瓿。还有1957年在长清兴复河发现的一批铜器，与苏埠屯的铜器很接近，都属于殷墟三期。此外，滕县发现的18件青铜器、邹县发现的两座墓葬出土青铜器，不仅未发现青铜瓿，也未曾发现青铜罍。这个现象似乎看起来比较特殊，但是仔细梳理青铜瓿的发展脉络就会发现，青铜瓿本身发展的高峰期就在殷墟一期至二期前段，

---

① 胡嘉麟：《湖南出土青铜器的几点思考》，《湖南省博物馆馆刊》第12辑，岳麓书社，2016年，76～85页。

② 吴晓桐：《浅议考古出土的商代铜瓿——由宁乡巨瓿谈起》，《文物鉴定与鉴赏》2017年第2期，81～83页。

③ 张昌平：《商代铜瓿概论》，《商周时期南方青铜器研究》，商务出版社，2016年，91页。

④ 毕经纬：《山东地区出土东周青铜礼容器研究》，陕西师范大学硕士学位论文，2009年。

二期晚段是它鼎盛期的延续，但数量已经明显减少，而到了殷墟三期，除了新干大洋洲的四羊首瓿和岐山贺家村的庚瓿之外，青铜瓿就逐渐趋于消失了。而山东地区商代墓葬发现比较少，出土的器物大多为戈这种武器①，礼器容器数量非常少，山东目前所发现的商代墓葬，无论益都苏埠屯一号大墓、长清兴复河还是滕县、邹县发现的青铜器都属于殷墟三期，恰好是青铜瓿趋于消失的时期，因此，我们认为，这正是山东地区不见青铜瓿的缘由。

第三节　小　　结

从青铜瓿开始出现的二里冈上层时期到西周早期，从开始的折肩高颈发展成为折肩矮体和圆肩矮体到最终的素面浅腹，历经这几个阶段，虽时间不长，但是却有很大发展，数量增加，形制多样，分布地区广泛。可以说从一开始出现就呈现出繁荣发达的气象，到了殷墟时期，青铜瓿影响所及，覆盖面之广极其可观。

殷墟以外出土青铜瓿的地区主要有山西吕梁石楼、保德地区，陕西汉中地区的洋县、城固等地，四川广汉三星堆、北京的平谷刘家河村，河北藁城台西村，江西新干，陕西绥德墕头村，湖南洞庭湖以南地区的宁乡寨子山，湖北安陆，辽宁喀左北洞村、高家洞村等地区。

其中湖南宁乡寨子山出土的带盖青铜瓿，无论其形制还是纹饰，制作工艺都极其精致，和殷墟妇好墓出土的妇好瓿极为相似，但是和同出墓葬的其他器物不是成套组合，其他器物为青铜斧，带有明显的地方特色，可能是中原文化的产物而流入南国的，当然，也可能如胡嘉麟指出的那样，是殷商文明边缘区的青铜文明，影响了殷商中原核心文化区的青铜文明。而陕西汉中洋县、城固地区发现的青铜瓿和中原地区很接近，同时也出现了部分具有浓郁地方特色的青铜器，二者在风格上截然不同，这一带出土的商器属于商前期至殷墟中期器物，纹饰繁密，做工精致，精雕细刻，范铸精美，和中原地区没有任何区别，甚至个别器物超出了中原地区。和湖南地区出土情形有所不同的是，这些器物都是成组成套按规则窖藏在一处，个别器物单独出土的情况比较少见。在同一地区出土的还有当地特色风格明显的青铜器，如青铜面具、尖顶泡、透顶泡等，相较前者，后者比较粗犷，风格迥异。在商代，这一带可能是巴人的势力范围，不能排除也有氐人的影响。汉中地区出土有两三百年时间持续不断的商器，表明这一带的土著文化和商文化有接触，以及商的青铜礼器对它所产生的强大吸引力。四川广汉三星堆出土的青铜瓿和湖南岳阳舫鱼山的瓿特征非常接近，具有浓郁的地方特色。高体、高圈足、立体兽首置于肩部，中原特色较少，而地域色彩浓郁。

---

① 曹艳芳：《山东出土商代青铜器研究》，山东大学博士学位论文，2006年，145页。

表明青铜瓿和巴蜀地区其他的特色铜器一样，和中原地区文化交流较少，而创造出了自己特有的文化面貌。和湖南地区的折肩瓿接近，标明了这两地文明的交流相对中原地区较为频繁。山西中部的石楼和隔黄河相望的陕西绥德、清涧地区是青铜瓿出土的主要地区，这一地区所出的青铜瓿集中在殷墟中期，器物形制和纹饰与殷墟所出土的无异，与其同出了少量带有土著风格的器物，如蛇首匕和铃首刀，从山西这一带青铜器分布的地域推断，当是商代的一个方国，商代方国出土中原文化青铜器，表明了商文化强大的生命力和所影响的范围。

从目前出土瓿的分布区域来看，圆肩瓿相对集中在北方地区并持续发展，而折肩瓿除了郾城拦河潘瓿在北方外，其余折肩瓿均出土于南方地区。我们据此认为，可能是商人在远离统治中心建立的居民点，或为方国文化遗存，推测是由中心区域流传到这些地方，或至少说明了因前者强大的影响力所致，张昌平先生提出折肩瓿在长江中下游地区最早形成[①]。

以殷人为中心的高度繁荣的青铜器文化对邻近地区其他部族的影响，是殷商青铜器研究中需要探讨的一个重要问题。在河北、山西、陕西、湖北、湖南、江西、安徽、辽宁、四川等地，陆续发现不少殷商铜器，其中，湖北黄陂盘龙城、山西石楼等地的发现尤为重要。这些地区大都属于当时的方国。因此，这些发现不但使我们对方国地理及其文化面貌的认识更为具体，而且通过对其青铜器的比较研究，可以看到以殷商王国为核心的文化上的强大影响力的形成状态。至少，作为只出现在殷商一代的青铜瓿的地域分布，可以说明，中原核心区的青铜文化由中原向周围方国扩散辐射，留下它光彩的历史印记。

① 张昌平：《商代铜瓿概论》，《长江流域青铜文化研究》，科学出版社，2002年。

第八章　有铭青铜瓿的整理与分析

第一节　有铭青铜瓿的整理

在《殷周金文集成》《新收殷周青铜器铭文及器影汇编》《商周青铜器铭文暨图像集成》《商周青铜器铭文暨图像集成续编》等著录中收集了25件有铭铜瓿。其具体情况如表8-1所示。

表8-1　《殷周金文集成》等收集的有铭铜瓿

器名	铭文	字数	所藏单位	出处	备注
癸冉瓿		2	故宫博物院	《集成》9954 《图像》13968	
冉己瓿		2	安阳市文物考古所	《殷新》225 《图像》13964	
冉瓿		1	上海博物馆	《集成》9945 《图像》13953	
亚矣瓿		2	日本东京根津美术馆	《集成》9948 《青山庄》11 《日精华》1.5 《图像》13966	相传出土于安阳西北岗
亚矣瓿		2	不详	《汇编》1038 《图像》13967	
亚[illegible]瓿		2	荣厚旧藏	《集成》9956 《三代》18.19.6 《图像》13971	

续表

器名	铭文	字数	所藏单位	出处	备注
妇十未瓿		3	中国社会科学院 考古研究所	《殷新》153 1994年河南安阳殷墟大司空东地商代墓葬M7.21 《图像》13970	
妇好瓿		2	中国社会科学院 考古研究所	《集成》9952 《妇好墓》35.3 《殷墟》图47.3 《综览》瓿.29 《图像》13960	
妇好瓿		2	中国历史博物馆	《集成》9953 《妇好墓》35.2 《河南》1.153 《全集》3.73 《图像》13961	
[illegible]瓿		1	中国社会科学院 考古研究所 安阳工作站	《集成》9942 《图像》13952	1969年殷墟西区M355出土
[illegible]瓿		1	不详	《集成》9943 《三代》18.19.4 《图像》13953	
车瓿		1	故宫博物院	《集成》9944 《图像》13956	
戈瓿		1	美国旧金山亚洲艺术博物馆	《集成》9946 《汇编》9.1535 《图像》13955	
庚瓿		1	陕西历史博物馆	《集成》9947 《陕青》1.23 《考古》1976.1 《图像》13954	

续表

器名	铭文	字数	所藏单位	出处	备注
[illegible]興瓿		2	于省吾旧藏	《集成》9949 《三代》18.19.5 《图像》13959	相传出土于河南安阳
戈[illegible]瓿		2	中国社会科学院考古研究所安阳工作站	《集成》9950 《图像》13969	1969～1977年安阳殷墟西区M613出土
[illegible]龜瓿	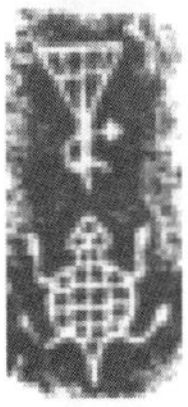	2	李泰棻旧藏	《集成》9951 《综览》有肩尊14 《图像》13962	
又羊瓿		2	法国巴黎赛尔诺什博物馆	《集成》9955 《美集录》R500 《赛尔诺什》P154 《图像》13963	
又瓿		1	陕西省考古研究所	《新收》802 《图像》13958	
[illegible]父戊瓿		3	故宫博物院	《集成》9957 《录遗》518 《图像》13972	
亚车丙邑瓿		3	中国历史博物馆	《集成》9958 《录遗》210 《图像》13973	
目果瓿		2	不详	《图像》13965	2001年出现在美国纽约苏富比拍卖行

续表

器名	铭文	字数	所藏单位	出处	备注
𠆢瓿		1	中国社会科学院考古研究所	《考古》2012.12 《续编》0898	
史父丁瓿		3	某收藏家	《续编》0899	
[illegible]瓿		1	故宫博物院	《集成》9941 《图像》13957	器盖同铭

注：《集成》——《殷周金文集成》、《图像》——《商周青铜器铭文暨图像集成》、《续编》——《商周青铜器铭文暨图像集成续编》、《三代》——《三代吉金文存》、《综览》——《殷周青铜器综览》、《海外》——《海外吉金图录》、《陕青》——《陕西出土商周青铜器》、《新收》——《新收殷周青铜器铭文暨器影汇编》、《新收》——《新收殷周青铜器铭文暨影像汇编》、《综览》——《殷周青铜器综览》、《录遗》——《商周金文录遗》、《美集》——《美帝国主义劫掠的我国殷周铜器集录》、《殷新》——《殷墟新出土青铜器》、《河青》——《河南出土商周青铜器》、《汇编》——《中日欧美澳纽所见所拓所摹金文汇编》、《全集》——《中国青铜器全集》、《妇好墓》——《殷墟妇好墓》、《日精华》——《日本蒐储支那古铜精华》

如表8-1所示，在《集成》和《新收》等铭文著录中共著录了25件有铭文青铜瓿，除了岐山贺家村庚瓿1件，小屯M5妇好瓿2件，上海博物馆藏瓿1件，安阳殷墟西区M613、M355瓿2件，大司空东地商代墓葬M7.21瓿1件，徐家桥综合楼基建工地商代墓葬M1.1瓿2件，美国旧金山亚洲艺术博物馆瓿1件，其余均为传世品或私人旧藏。这些有铭青铜瓿上的铭文，都是1～3字的日名和族徽，没有稍长的铭文，究其原因，可能与瓿流行的年代有关。瓿主要流行于殷墟一期和二期，此时的青铜器，无论鼎、鬲还是尊、卣，其上的铭文都不长，以族徽和日名为主。待到殷墟三期和四期铭文的字数开始增加，而青铜瓿却已趋于消亡。

第二节　铭文分析

由于青铜瓿流行于商代，我们认为瓿的主人，均属于商代的族氏。就商代族氏而言，又有不同的族群，我们根据某些青铜瓿铭文族徽尝试做以分析。

“庚”在殷商甲骨卜辞中，除作干支或先祖日名外，亦可作地名、方国名等。在殷周金文中，有单独的“庚”字族徽，除了本书提到的“庚”瓿（《集成》9947）外，还有《集成》06722、07669、11759等，即是“庚”为地名、方国名的最好例证[①]。

① 王长丰：《殷周金文族徽研究》，上海古籍出版社，2015年，222页。

“庚”瓿（岐山贺家村M1），主人的族名是庚。属于庚族的青铜器除了庚瓿之外，还有“庚父乙壶”（甘肃）、“庚册爵”（河北）、“庚册觚”（河北）、“庚父爵”（山东）等“庚”器，但从庚器流行的地域来看，大多分布于黄河流域，这些地域与商人活动范围重合，庚族应该和商人的关系比较密切。

“妇好”瓿的主人是妇好，“妇好”两个字应该是私名，根据商代青铜器族名发展演变序列“族名→族名+私名→私名”这个顺序来看，妇好瓿已经发展到商代铜器的后段了，族徽这种演变规律体现了以最初重视族群集体观念到最后对于个体价值的尊重日益凸显。作为商王武丁配偶妇好，地位尊崇，她能使用青铜瓿，表明这种器类也受到商王室的青睐。此瓿通高34.2厘米，在瓿类器中也算得上伟岸。全器布满花纹，并有扉棱装饰，十分华丽。而且有盖，有盖的青铜瓿很少，出土的青铜瓿中只有4件有盖，妇好瓿因此而显得更为珍贵。由此可见商王室成员用器的精致程度。

与□瓿属于同一族氏的青铜器还有《集成》编号1163的□方鼎，可惜国内外的资料中尚未有此铭文的器形图片，比较难以判断。但此族的青铜器也有20来件，可见是一个有一定实力的氏族。器物的年代基本上属于商代晚期，可见此族主要活动在商代晚期。

□癸瓿（《集成》9954）在有著录的资料中未见图片，但是□瓿有图片（见于《夏商周青铜器研究》图版一七九），在传世商器中有此族徽的器物比较多，如鼎、簋、爵、尊、卣、盘等。癸□方鼎（《集成》1392）就是其中一件，现藏于美国西雅图美术博物馆。李学勤先生认为商代青铜器在二里冈时期和殷墟早期之间存在缺环，而癸□方鼎正是由二里冈向殷墟早期铜器之间过渡的器物。不仅此器非常重要，而且铭文更有价值。李先生认为□字是已发现的最早的金文，并且□族是商代金文中最重要的族氏之一，很可能是商朝王族的一支①。本书收集到的含□铭文的瓿有3件，分别为□瓿、癸□瓿、□瓿。缀有此族徽的青铜器有200多件，可见这是一个实力雄厚的大族。从出土情况来看，早期居住在殷都安阳。从本器来看，无论是纹饰还是铸造技术，都相当不错。

“妇十未”瓿（94ASM7：21）1994年出土于安阳大司空村东地M7。与此瓿同出的一组青铜器有鼎、簋、甗、觚、爵、卣、斝、觚形尊、觯。其中觚形尊腹内壁有3行12字铭文：“辛丑，亚易彭吕，用作母丁彝。未”。这是近年新出青铜尊铭文较长者。据文意，此尊作器者私名为彭，铭末之“未”，当是彭之所属族氏名号。缀有此族徽的青铜器不多，不过从“妇十未”瓿和青铜尊铭文来看，此族当有一定的实力。

□族是商周时期的望族，□器数量较多，从殷墟二期至西周早期的□族之器近百件。安阳殷墟出土的有9件：殷墟西区M355，苗圃南地M47、M58，戚家庄东M269，八里

---

① 李学勤：《论美澳收藏的几件商周文物》，《四海寻珍》，清华大学出版社，1998年，240～242页。

庄M52，郭家庄北M13，刘家庄北地M70皆有族器。殷墟可能是此族的早期集聚地。

“羊又”瓿，有此族徽的青铜器有30余件，器类包括鼎、簋、爵、觚、尊、卣、瓿、罍、戈，可见是个不小的氏族。

“戈”瓿是戈族的器物，有学者认为，戈族可能分布在安阳，也有可能戈器是通过劫掠的方式从域外进入中原的。张懋镕先生在《高家堡出土青铜器研究》[1]一文中，通过一系列出土“戈”器，按照出土数量最多的地点论证出，戈族地望在安阳、洛阳、泾阳，并根据年代早晚判断出戈族最早的发迹地是安阳，并由此向其他地方迁徙分支，而且和商王室关系较好，因此一直兴旺。

总而言之，讨论有铭文的青铜瓿，对了解这类器的主人及其所属族氏的情况具有重要意义。反过来，也可以加深我们对青铜瓿自身的认识。

① 张懋镕：《高家堡出土青铜器研究》，《考古与文物》1997年第4期。

第九章　青铜瓿的起源与消亡

第一节　青铜瓿的起源

目前考古发现最早的青铜瓿为1992年黄州下窑嘴出土的兽面纹瓿（图7-9，1）了，该器厚方唇，短颈，折肩，扁圆腹，颈饰雷纹，腹部饰目雷纹及兽面纹，圈足有3个长方形镂孔，高23厘米，原发掘报告认为该器物的年代应为商代前期。根据器形、纹饰特征以及该墓葬同出青铜器的形制特点综合判断，笔者认为其时代为二里冈上层偏晚。那么，青铜瓿出现的源头是什么呢？

关于青铜瓿的起源，目前见到的陶瓿最早的是郑州铭功路制陶遗址出土的编号为C11T1092：17的陶质大口折肩瓿（原报告称罍），安金槐先生定其年代为二里冈下层（图9-1）[①]。而对于1956年发掘的郑州白家庄遗址，发掘者从其具有显著形制特征的器物组合来看，譬如陶鬲，折沿，方唇，唇面内凹，器表饰粗绳纹；大口尊，敞口，微折肩，腹部有窗棂状纹饰；斝口沿明显内敛；深腹盆和浅腹盆也具有明显区别于二里冈上层时期同类器物的特征，认为其时代较二里冈上层偏晚。邹衡将其归为早商期第六组，并称之为“白家庄期”[②]。而据此，铭功路的陶瓿在二里冈之下，白家庄器物在二里冈之上层偏晚。就目前见诸报道的出土发掘资料来看，青铜瓿的来源应该就是二里冈之下层的陶瓿。对此王宏师兄的硕士学位论文中也提到过折肩无耳罍的起源是铭功路的陶尊[③]，这个观点和笔者对青铜瓿起源的观点不谋而合。只不过他将笔者认为的折肩高体器称为折肩无耳罍，名称不同而已，但是从源流上来看，无疑我们的认识是一致的。青铜瓿的源起即为陶瓿。

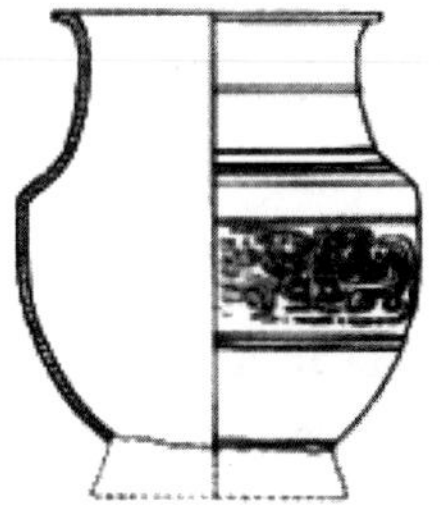

图9-1　郑州铭功路陶瓿

① 安金槐：《关于郑州商代二里岗期陶器分期问题的再讨论》，《华夏考古》1988年第4期。

② 邹衡：《试论夏文化》，《夏商周考古学论文集》，文物出版社，1980年。

③ 王宏：《商周青铜罍研究》，陕西师范大学硕士学位论文，2010年。

第二节　青铜瓿的消亡

青铜瓿的衰落是在殷墟三期之后，基本上很少在墓葬中见到，酒器组合中也没有了瓿，而代之以圆体双耳带圈足罍和方体罍，这类罍正好出现在瓿衰落的殷墟三期晚段和殷墟四期。青铜瓿的发展演变是一个由高体向矮体又逐渐回归高体的转变过程，1991年陕西泾阳高家堡的又瓿应该是目前时代最晚的瓿了，该墓的时代下限应该在西周初年，即武、成之世。

商人重酒，作为重要酒器类的瓿随着殷商民族的崛起而产生，最早出现在二里冈上层偏晚，随着商人的强大而繁荣。在殷墟一期和二期，尤其在二期，青铜瓿的出土量最大，精致华丽，器形、纹饰也丰富多样，既有折肩瓿也有圆肩瓿，既有兽首装饰又有鸟形棱脊，除了一期神秘而狰狞的兽面纹之外，还有勾连雷纹、乳钉雷纹，因此殷墟二期至三期之间成为青铜瓿发展繁荣的黄金时期。经过了短暂的繁荣之后，到了殷墟三期后段之后，青铜瓿的发展转入了低谷，随着商王朝的衰落而逐渐退出了历史舞台，并被方罍和圆体圈足罍所取代。商末周初，青铜瓿消失。

周人重食。周人从商灭亡的惨痛教训中总结经验，周初八诰中就有禁酒之酒诰。瓿作为酒器自然消失在周人的礼器中，除了瓿还有其他酒器也数量锐减，斝、爵、觚这些在商代墓葬组合中最稳定的组合酒器，到了周初就失去了往日的核心地位和生命力，逐渐趋于消亡。

青铜瓿的出现和消亡，虽然有它自身的规律，但是和其他器类相比，其生命力毕竟太过短暂。张懋镕先生在《中国古代青铜器整理与研究 · 青铜壶卷》中开篇序《青铜壶缘何一枝独秀？——兼论商周青铜器的生命力问题》[①]中提到，“由于铭文的发展，相对而言适于铸造长篇铭文的青铜器类容易留存下来，不适宜的则容易被淘汰”。张先生通过一组数据来说明，铭文较多的簋、鼎、盨、盘、卣、簠、尊、鬲在西周时期比较流行，数量也多，而斝、爵、觚、瓿、角的铭文很少，首先被淘汰，其次是觥、罍、觯等器。所以，瓿作为酒器，铭文又少，只存留于商朝一代。它可以被看作商器的一个符号，记载着它独有的魅力与历史印记。

① 张懋镕：《中国古代青铜器整理与研究 · 青铜壶卷 · 序》，科学出版社，2015年。

第十章 结　　语

青铜瓿的发展时段并不绵长，仅出现和流行于商代一朝，但是分布范围比较广泛，通过对它的研究，可以了解瓿的发展规律，并进而窥探到商代不同时期、不同地区的文化发展以及人们思想意识的变化。

本书通过对商代青铜瓿总体脉络发展的梳理，基本上搞清楚了青铜瓿的发展演变历程、定名的由来、使用功能、流行时间、流行区域、分期演变特征、在墓葬组合中的位置、在各个地区所体现出不同的文化特色以及起源与消亡的原因等相关问题。但是，对于青铜瓿的铸造、族属以及在祭祀中的摆放位置等问题都没有进行深入的研究。另外青铜瓿的分布区域虽很广泛，但是却在山东地区尚未发现出土，这是一个很重要而且复杂的问题，其中的缘由值得探讨，本书没有做出专门探究。对于青铜瓿的各地区分布特征也没有做出更深入详细的论述和探究。由于与青铜瓿共存的相关墓葬、遗物的背景材料不足，与青铜瓿相关的使用者的身份背景问题暂时难以探讨，故此本书所做的工作，仅仅是抛砖引玉，诚望各位大家能够谅解，并批评指正，以期对青铜瓿的研究工作有更全面确切的认知。

附　　录

附图1　《殷周金文集成》著录青铜瓿铭文拓片图集

妇十未瓿13970　亞矣瓿13966　目果瓿13965　冉己瓿13964

附图2　《商周青铜器铭文暨图像集成》著录青铜瓿铭文拓片图集

附表1　青铜瓿分型分式分期表

型式／分期			甲类折肩瓿				乙类圆肩瓿		
			A型	B型	C型	D型	A型	B型	C型
初始期	二里冈上层时期		 1992年黄州下窑嘴 兽面纹瓿Ⅰ式						
初始期	殷墟一期	早段	 城固五郎庙兽面纹 瓿1965CHWT：1 Ⅱ式	 1991年黄陂鲁台 兽面纹瓿 Ⅰ式	 1964年城固五郎庙 兽面纹瓿Ⅰ式		 灵宝东桥瓿 Ⅰ式	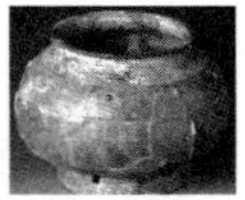 安阳小屯M232瓿 R2057Ⅰ式	
繁荣期	殷墟一期	晚段		 1977年平谷刘家河 三羊首瓿Ⅱ式		 上海博物馆藏乳钉 雷纹瓿Ⅰ式	 1964年清涧张家坬 云雷纹瓿Ⅱ式	 1936年小屯M188 瓿R2055Ⅱ式	

续表

分期		型式	甲类折肩瓿 A型	甲类折肩瓿 B型	甲类折肩瓿 C型	甲类折肩瓿 D型	乙类圆肩瓿 A型	乙类圆肩瓿 B型	乙类圆肩瓿 C型
繁荣期	殷墟二期	早段		 1952年安阳兽面纹瓿Ⅲ式	 1989年江西新干大洋洲出土的四羊首瓿Ⅱ式	 美国旧金山亚洲艺术博物馆收藏的青铜瓿Ⅱ式	 上海博物馆藏四羊首乳钉纹瓿Ⅲ式	 1959年安阳武官村M1：5勾连雷纹瓿Ⅲ式	
繁荣期	殷墟二期	晚段			 1982年岳阳舫鱼山兽面纹瓿Ⅲ式			 1975年安阳小屯M5：778瓿Ⅳ式	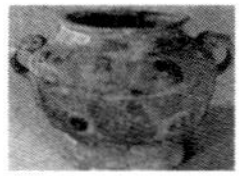 1984年新邵县兽面纹瓿Ⅰ式
衰落期	殷墟三期					 1975年墟西区AGM355：5 Ⅲ式		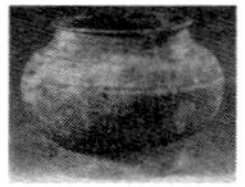 1973年陕西岐山贺家村庚瓿Ⅴ式	 云雷纹瓿Ⅱ式

续表

型式/分期		甲类折肩瓿				乙类圆肩瓿		
		A型	B型	C型	D型	A型	B型	C型
衰落期	殷墟四期						 2005年安阳徐家桥综合楼M1：1瓿（冉己瓿）Ⅵ式	
	西周早期			 1991年陕西泾阳高家堡又瓿Ⅳ式				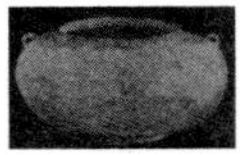 1976年江苏丹阳司徒公社乳钉纹瓿Ⅲ式

附表2　出土青铜瓿统计表

序号	名称	出土时间地点	地域	通高/厘米	口径/厘米	底径/厘米	腹径/厘米	重量/千克	型式	主体纹饰	年代	图片	出处	备注
1	兽面纹瓿	1992年黄州下窑嘴	长江中下游	23	18.4	16.2			甲类A型Ⅰ式	目雷纹、兽面纹	二里冈上层		吴晓松、董子儒：《湖北省黄州市下窑嘴商墓发掘简报》，《文物》1993年第6期	
2	兽面纹瓿	1979年郾城拦河潘	中原	24.3	16.9	15	74	3.6	甲类A型Ⅱ式	目雷纹、兽面纹	殷墟一期早段		孟新安：《郾城县出土一批商代青铜器》，《考古》1987年第8期	原报道称罍
3	兽面纹瓿	1979年郾城拦河潘	中原	26.6	15	13	69.5	2.5	甲类A型Ⅱ式	兽面纹、圈带纹	殷墟一期早段		孟新安：《郾城县出土一批商代青铜器》，《考古》1987年第8期	原报道称罍
4	兽面纹瓿	1965年藁城台西M21	北方	18.3	17.7	17.5			乙类A型Ⅰ式	雷纹、兽面纹	殷墟一期早段	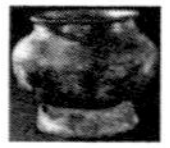	郑绍宗：《河北藁城县商代遗址和墓葬的调查》，《考古》1973年第1期	原报道称罍
5	兽面纹瓿	1936年安阳小屯M232	中原	21.4	19.4		29.4	4.06	乙类B型Ⅰ式	兽面纹、粗羽纹	殷墟一期早段	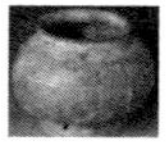	李济：《殷墟青铜器研究》，上海人民出版社，2008年	
6	乳钉雷纹瓿	1937年安阳小屯M388	中原	17.4	18.9		26.20	2.52	乙类A型Ⅰ式	斜方格乳钉纹	殷墟一期早段		李济：《殷墟青铜器研究》，上海人民出版社，2008年	

续表

序号	名称	出土时间地点	地域	通高/厘米	口径/厘米	底径/厘米	腹径/厘米	重量/千克	型式	主体纹饰	年代	图片	出处	备注
7	三羊首瓿	1977年平谷刘家河	北方	26.8	19.9		29.50		甲类B型Ⅱ式	兽面纹、牺首、扉棱	殷墟一期晚段		北京市文物管理处：《北京市平谷县发现商代墓葬》，《文物》1977年第11期	原报道称罍
8	兽面纹瓿	1991年黄陂鲁台镇	长江中下游	26.7	23.5		32.50		甲类B型Ⅰ式	兽面纹、鸟首纹、扉棱	殷墟一期早段		黄锂、况红梅：《近年黄陂出土的几件商周青铜器》，《江汉考古》1998年第4期	原报道称罍
9	兽面纹瓿	1953年嘉山县泊岗	长江中下游	27	23.5	21.5	32.3		甲类A型Ⅱ式	兽面纹	殷墟一期早段		葛治功：《安徽嘉山县泊岗引河出土的四件商代铜器》，《文物》1965年第7期	原报道称罍
10	兽面纹瓿	1965年城固五郎庙	陕南巴蜀	27.6	24.2	22.7	32.8	6.796	甲类A型Ⅱ式	夔纹、兽面纹	殷墟一期早段		赵丛苍：《城洋青铜器》，科学出版社，2006年	
11	勾连雷纹瓿	1964年城固五郎庙	陕南巴蜀	24	20	16.6	26.8	3.601	甲类C型Ⅰ式	勾连雷纹	殷墟一期早段		赵丛苍：《城洋青铜器》，科学出版社，2006年	
12	兽面纹瓿	1974年灵宝东桥	中原	20.6	17.6	18.5			乙类A型Ⅰ式	兽面纹、连珠纹	殷墟一期早段		河南省博物馆：《河南灵宝出土一批商代青铜器》，《考古》1979年第1期	
13	兽面纹瓿	1972年藁城台西M112	北方	26.3	26.6				乙类A型Ⅰ式	兽面纹、雷纹	殷墟一期早段		河北省文物研究所：《藁城台西商代遗址》，文物出版社，1985年，129页	原报道称罍

续表

序号	名称	出土时间地点	地域	通高/厘米	口径/厘米	底径/厘米	腹径/厘米	重量/千克	型式	主体纹饰	年代	图片	出处	备注
14	兽面纹瓿	1987年湖北安陆	长江中下游	19	19.2	17	27	2.7	乙类A型Ⅰ式	兽面纹、乳钉纹	殷墟一期早段		余从新：《湖北安陆发现商代青铜器》，《考古》1994年第1期	
15	兽面纹瓿	1958年吕梁县贺家坪	晋陕						乙类B型Ⅰ式	雷纹、兽面纹	殷墟一期早段		杨绍禹：《石楼县发现古代铜器》，《文物》1959年第3期	
16	兽面纹瓿	1964年南昌老福山西汉木椁墓	长江中下游	21	20	18.5	30		乙类A型Ⅰ式	兽面纹、云雷纹	殷墟一期早段	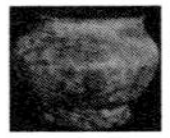	江西省文物管理委员会：《江南昌老福山西汉木椁墓》，《考古》1965年第6期	
17	兽面纹瓿	1990年洋县马畅安冢	陕南巴蜀	31.8	25.2	26.9	38.2	13.868	乙类B型Ⅰ式	兽面纹	殷墟一期早段		赵丛苍：《城洋青铜器》，科学出版社，2006年	
18	乳钉雷纹瓿	1990年洋县马畅安冢	陕南巴蜀	23.6	22.7	19.6	32.8	4.18	乙类A型Ⅰ式	斜方格乳钉纹	殷墟一期早段	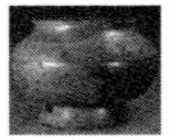	赵丛苍：《城洋青铜器》，科学出版社，2006年	
19	兽面纹瓿	1990年洋县马畅安冢	陕南巴蜀	24.1	18.9	20.7	29.7	4.88	乙类B型Ⅰ式	夔纹、兽面纹	殷墟一期早段	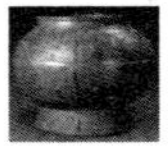	赵丛苍：《城洋青铜器》，科学出版社，2006年	
20	兽面纹瓿	1990年洋县马畅安冢	陕南巴蜀	23.6	19.5	20.6	29.6	4.5	乙类B型Ⅰ式	夔纹、兽面纹	殷墟一期早段	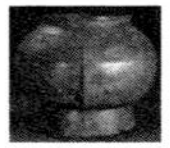	赵丛苍：《城洋青铜器》，科学出版社，2006年	

续表

序号	名称	出土时间地点	地域	通高/厘米	口径/厘米	底径/厘米	腹径/厘米	重量/千克	型式	主体纹饰	年代	图片	出处	备注
21	兽面纹瓿	1990年洋县马畅安家	陕南巴蜀	27.3	22.4	21.4	33.8	3.47	乙类A型Ⅰ式	兽面纹	殷墟一期早段		赵丛苍：《城洋青铜器》，科学出版社，2006年	
22	勾连雷纹瓿	1973年辽宁喀左北洞村	北方	28.6	27.4		38		乙类A型Ⅰ式	勾连雷纹	殷墟一期早段		辽宁省博物馆：《辽宁喀左县北洞村发现殷代青铜器》，《考古》1973年第4期	
23	兽面纹瓿	2001年安阳花园庄东地M60	中原	19.8	18.9		28.4		乙类A型Ⅰ式	兽面纹	殷墟一期早段	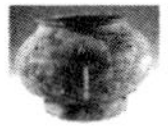	中国社会科学院考古研究所安阳工作队：《河南安阳殷墟花园庄东地60号墓》，《考古》2006年第1期	碎葬
24	兽面纹瓿	2010年陕西省子洲县裴家湾	晋陕	23.2	17.7	18.5	28.9		乙类A型Ⅰ式	兽面纹、夔龙纹	殷墟一期早段	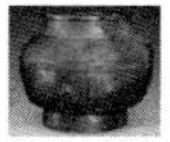	榆林市文物保护研究所：《陕西子洲出土商代铜器》，《文物》2015年第1期	
25	兽面纹瓿	1954年郑州出土	中原	19.5	17.2				乙类A型Ⅰ式	兽面纹	殷墟一期早段	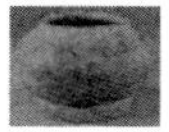	《河南出土商周青铜器》77，文物出版社，1981年	
26	兽面纹瓿	2001年宁乡黄材镇	长江中下游	62.5	58	55.6	89	61.9	甲类B型Ⅱ式	兽面纹，夔龙纹	殷墟一期早段	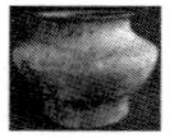	张筱林：《宁乡出土商代大型铜瓿》，《文物》2013年第3期	

续表

序号	名称	出土时间地点	地域	通高/厘米	口径/厘米	底径/厘米	腹径/厘米	重量/千克	型式	主体纹饰	年代	图片	出处	备注
27	三羊首乳钉纹瓿	1957年石楼后兰家沟	晋陕	20			28		乙类A型Ⅲ式	斜方格乳钉纹	殷墟二期早段		郭勇：《石楼后兰家沟发现商代青铜器简报》，《文物》1962年第4、5期	
28	勾连雷纹瓿	1959年安阳武官村M1：5	中原	16.8	16	24		1.95	乙类B型Ⅲ式	勾连雷纹	殷墟二期早段		中国社会科学院考古研究所安阳工作队：《安阳武官村北的一座殷墓》，《考古》1979年第3期	
29	勾连雷纹瓿	1979年辽宁喀左高家洞	北方	15	14.5		23		乙类B型Ⅱ式	勾连雷纹	殷墟一期晚段		辽宁省文物考古研究所：《辽宁喀左县高家洞商周墓》，《考古》1998年第4期	
30	勾连雷纹瓿	1936年安阳小屯M188	中原	15.7	14.5		23.4	3.1	乙类B型Ⅱ式	勾连雷纹、目纹	殷墟一期晚段		李济等：《殷墟出土伍拾叁件青铜容器之研究》，（台湾）历史语言研究所，1972年	
31	兽面纹瓿	1977年清涧解家沟	晋陕	24.6	21.5			6.2	乙类A型Ⅰ式	兽面纹	殷墟一期晚段	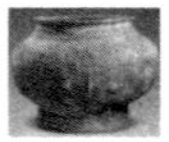	绥德县博物馆：《陕西绥德发现和收藏的商代青铜器》，《考古学集刊》第2集，1982年	
32	云雷纹瓿	1964年清涧张家坬	晋陕	24.5	21			5.7	乙类A型Ⅱ式	连珠纹、云雷纹	殷墟一期晚段	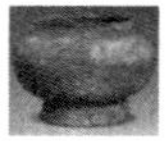	陕西省考古研究院：《陕北出土青铜器》第二卷，巴蜀书社，2009年，162页	

续表

序号	名称	出土时间地点	地域	通高/厘米	口径/厘米	底径/厘米	腹径/厘米	重量/千克	型式	主体纹饰	年代	图片	出处	备注
33	兽面纹瓿	1977年平谷刘家河	北方	20	19.3				乙类B型Ⅱ式	兽面纹	殷墟一期晚段		北京市文物管理处：《北京市平谷县发现商代墓葬》，《文物》1977年第11期	
34	兽面纹瓿	1959年吕梁县桃花庄	晋陕	20	30			13.7	乙类B型Ⅰ式	兽面纹	殷墟一期晚段	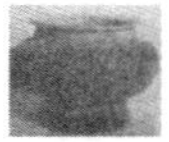	谢青山：《山西吕梁县石楼镇又发现铜器》，《文物》1960年第7期	
35	勾连雷纹瓿	1938年忻县连寺沟牛子坪	晋陕	18					乙类A型Ⅰ式	勾连雷纹	殷墟一期晚段		沈振中：《忻县连寺沟出土的青铜器》，《文物》1972年第4期	
36	乳钉雷纹瓿	1934年安阳西北岗	中原	20.3	19.5		26.8	2.78	乙类A型Ⅰ式	斜方格乳钉纹	殷墟二期早段		梁思永、高去寻：《侯家庄第二本·1001号大墓》，（台湾）历史语言研究所，1962年，313页	
37	勾连雷纹瓿	1987年延川马家河	晋陕	22.8	21.4		32.4		乙类B型Ⅱ式	勾连雷纹、连珠纹	殷墟一期晚段	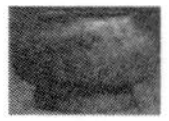	姬乃军：《陕西延川出土一批商代青铜器》，《考古与文物》1992年第4期	
38	三羊首瓿	1965年绥德墕头镇	晋陕	32.5	24.5			5.8	乙类A型Ⅲ式	兽面纹、夔纹	殷墟二期早段		陕西省博物馆：《陕西绥德墕头村发现一批窖藏商代铜器》，《文物》1975年第2期	

续表

序号	名称	出土时间地点	地域	通高/厘米	口径/厘米	底径/厘米	腹径/厘米	重量/千克	型式	主体纹饰	年代	图片	出处	备注
39	三羊首瓿	1975年城固五郎庙	陕南巴蜀	28.7	23.5	27.4	35.3	7.5	乙类B型Ⅱ式	夔龙纹、兽面纹	殷墟二期早段	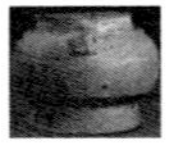	赵丛苍：《城洋青铜器》，科学出版社，2006年	
40	三羊首瓿	1973年城固莲花村	陕南巴蜀	26.1	23.5	24.8	32	6.25	乙类B型Ⅱ式	兽面纹	殷墟二期早段	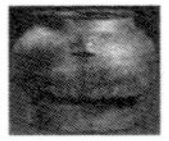	赵丛苍：《城洋青铜器》，科学出版社，2007年	
41	乳钉雷纹瓿	1971年保德县林遮峪村	晋陕	26	23.5		34		乙类B型Ⅱ式	斜方格乳钉纹、扉棱	殷墟二期早段	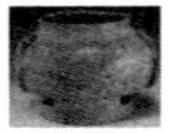	吴振录：《保德县新发现的殷代青铜器》，《文物》1972年第4期	
42	兽面纹瓿	1972年保德县林遮峪村	晋陕	21	22		32.5		乙类B型Ⅱ式	兽面纹	殷墟二期早段	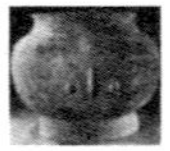	吴振录：《保德县新发现的殷代青铜器》，《文物》1972年第4期	
43	兽面纹瓿	1952年安阳出土	中原	28.3	23.4				甲类B型Ⅲ式	兽面纹、牺首、扉棱	殷墟二期早段		《河南出土商周青铜器》编辑组：《河南出土商周青铜器》，文物出版社，1981年	
44	四羊首瓿	1989年新干大洋洲	长江中下游	60.5	40.8				甲类C型Ⅱ式	兽面纹、牺首、扉棱	殷墟二期早段		江西省文物考古研究所：《新淦商代大墓》，文物出版社，1997年，73页	原报道称罍
45	兽面纹瓿	1973年江苏江宁	长江中下游	28.7	24				甲类B型Ⅲ式	兽面纹、鸟纹	殷墟二期早段		《中国青铜器全集》编辑委员会：《中国青铜器全集·4》，文物出版社，1998年	

续表

序号	名称	出土时间地点	地域	通高/厘米	口径/厘米	底径/厘米	腹径/厘米	重量/千克	型式	主体纹饰	年代	图片	出处	备注
46	夔纹瓿	2002年延川县马家河乡华家塬	晋陕	21	21.8			3.195	乙类B型Ⅲ式	夔纹、斜方格乳钉纹	殷墟二期早段		师小群：《陕西延川出土商代青铜器》，《陕西历史博物馆馆刊》第10辑，三秦出版社，2003年	
47	勾连雷纹瓿	1983年安阳大司空村M663	中原	17	16.4	17.3		2.4	乙类B型Ⅰ式	勾连雷纹	殷墟二期晚段		中国社会科学院考古研究所安阳工作队：《安阳大司空村东南的一座殷墓》，《考古》1988年第10期	
48	云雷纹瓿	1984年新邵县陈家坊	长江中下游	25	21.2		37	4.85	乙类C型Ⅰ式	云雷纹、乳钉纹、兽面纹	殷墟二期晚段	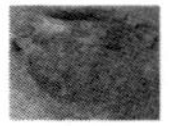	湖南省博物馆：《湖南出土殷商西周青铜器》，岳麓书社，2007年，133页	
49	弦纹瓿	1969～1977年殷墟西区第三墓区M613	中原	15.5	15				乙类B型Ⅳ式	弦纹	殷墟二期晚段	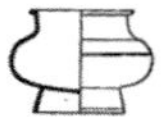	中国社会科学院考古研究所安阳工作队：《1969～1977年度殷墟西区墓葬发掘报告》，《考古学报》1979年第1期	内底铸2字铭文
50	兽面纹瓿	1982年岳阳鲂鱼山	长江中下游	50	26.2				甲类C型Ⅲ式	火纹、变形四瓣目纹、兽面纹、龙纹、鱼纹	殷墟二期晚段		湖南省博物馆：《湖南出土殷商西周青铜器》，岳麓书社，2007年，128页	

续表

序号	名称	出土时间地点	地域	通高/厘米	口径/厘米	底径/厘米	腹径/厘米	重量/千克	型式	主体纹饰	年代	图片	出处	备注
51	四羊首瓿	1986年四川广汉三星堆2号祭祀坑	陕南巴蜀	33.4	21				甲类B型Ⅲ式	兽面纹、夔龙纹	殷墟二期晚段		四川省文物考古研究所：《三星堆祭祀坑》，文物出版社，1999年	
52	四羊首瓿	1986年四川广汉三星堆2号祭祀坑	陕南巴蜀	35.4	20.3	18.6			甲类B型Ⅲ式	兽面纹	殷墟二期晚段		四川省文物考古研究所：《三星堆祭祀坑》，文物出版社，1999年	
53	四羊首瓿	1986年四川广汉三星堆2号祭祀坑	陕南巴蜀	54	26.5	24.6			甲类B型Ⅲ式	兽面纹	殷墟二期晚段		四川省文物考古研究所：《三星堆祭祀坑》，文物出版社，1999年	
54	兽面纹瓿	1975年安阳小屯M5	中原	34.2	21.8			14.3	乙类B型Ⅳ式	兽面纹、倒夔纹	殷墟二期晚段	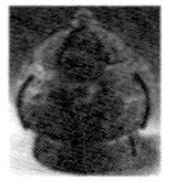	中国社会科学院考古研究所：《殷墟妇好墓》，文物出版社，1980年	带盖，有二字铭文“妇好”
55	兽面纹瓿	1975年安阳小屯M5	中原	33	21.8			13	乙类B型Ⅳ式	兽面纹	殷墟二期晚段		中国社会科学院考古研究所：《殷墟妇好墓》，文物出版社，1981年	
56	兽面纹瓿	1959年宁乡寨子山	长江中下游	42.5	23				乙类B型Ⅳ式	自盖至足6条棱脊，腹饰兽面纹	殷墟二期晚段		高至喜：《湖南宁乡黄材发现商代铜器和遗址》，《考古》1963年第12期	原报道称罍
57	兽面纹瓿	1975年安阳小屯M5	中原	47.6	29.8			28.2	乙类B型Ⅳ式	兽面纹、倒夔纹	殷墟二期晚段		中国社会科学院考古研究所：《殷墟妇好墓》，文物出版社，1982年	

续表

序号	名称	出土时间地点	地域	通高/厘米	口径/厘米	底径/厘米	腹径/厘米	重量/千克	型式	主体纹饰	年代	图片	出处	备注
58	庚瓿	1973年岐山贺家村	晋陕	21	17.5				乙类B型Ⅴ式	弦纹	殷墟三期	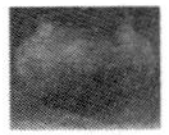	陕西省博物馆：《陕西岐山贺家村西周墓葬》，《考古》1976年第1期	内底有1字铭文："庚"
59	素面瓿	1969～1977年殷墟西区第三墓区M355	中原	12.4	13				甲类C型Ⅲ式	素面	殷墟三期	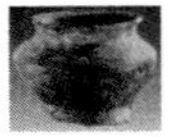	中国社会科学院考古研究所安阳工作队：《1969～1977年度殷墟西区墓葬发掘报告》，《考古学报》1979年第1期	内底铸1字铭文
60	素面瓿	2010年安阳殷墟刘家庄北地	中原	21.4					乙类B型Ⅱ式	素面	殷墟三期	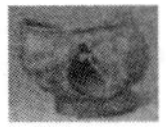	中国社会科学院考古研究所安阳工作队：《河南安阳市殷墟刘家庄北地2010～2011年发掘简报》，《考古》2012年第12期	内底铸1字铭文
61	素面瓿	1989年新干大洋洲	长江中下游	22.0	24.3		32.5	4	乙类B型Ⅱ式	素面	殷墟三期	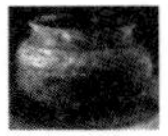	江西省文物考古研究所：《新干商代大墓》，文物出版社，1997年，73页	
62	素面瓿	1994年安阳大司空村东南7号墓	中原	15.7				1.9	乙类B型Ⅱ式	素面	殷墟三期		中国社会科学院考古研究所：《殷墟新出青铜器》，云南人民出版社，2008年，306页	内底铸3字铭文："妇十未"

续表

序号	名称	出土时间地点	地域	通高/厘米	口径/厘米	底径/厘米	腹径/厘米	重量/千克	型式	主体纹饰	年代	图片	出处	备注
63	素面瓿	2005年安阳殷墟徐家桥综合楼基建工地1号墓	中原	16.3	15.6	14.3	20.7	2.2	乙类B型Ⅱ式	素面	殷墟四期	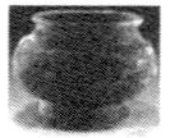	安阳市考古研究所：《安阳殷墟徐家桥郭家庄商代墓葬——2004～2008年殷墟考古报告》，科学出版社，2011年，8页	有铭文二字：“冉己”
64	乳钉纹瓿	2010年3月至2011年12月发掘安阳殷墟刘家庄北地	中原			18.2			乙类B型	云雷乳钉纹	殷墟四期	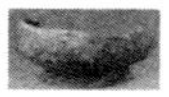	中国社会科学院考古研究所安阳工作队：《河南安阳市殷墟刘家庄北地2010～2011年发掘简报》，《考古》2012年第12期	仅存部分腹部及圈足
65	乳钉纹瓿	1976年江苏丹阳司徒公社	长江中下游	16.2	18.8		104		乙类C型Ⅲ式	细密乳钉纹	西周早期	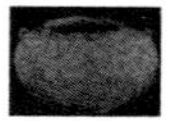	刘兴、季长隽：《江苏丹阳出土的西周青铜器》，《文物》1980年第8期	
66	又瓿	1991年陕西泾阳高家堡	晋陕						甲类C型Ⅳ式	兽面纹、鸟纹、浮雕兽首	西周早期		周艳明：《高家堡铜器群综合研究》，西北大学硕士学位论文，2010年，16、27页	原文称“罍”，器底内壁阴铸铭文“又”

附表3 传世青铜瓿统计表

序号	名称	通高	口径	底径	腹深	腹径	重量	型式	纹饰	时代	资料来源	出土流传及收藏	图片	铭文	备注
1	方斜瓿	8.4寸	6.6寸	不详	不详	9.5寸	8斤半	乙类A型	方斜雷纹	殷墟一期	《博古图》卷二十	不详			
2	兽面纹瓿	6.1寸	6寸	不详	不详	7.9寸	3斤11两	乙类A型	兽面纹	殷墟一期	《博古图》卷二十				
3	兽面纹瓿	7.5寸	7.2寸	不详	不详	1尺3分	7斤半	乙类A型	兽面纹	殷墟一期	《博古图》卷二十				
4	兽面纹瓿	6.2	6.1	不详	不详	9.7	3斤12两	乙类A型	兽面纹	殷墟一期	《博古图》卷二十				
5	兽面纹瓿	5.3	5.1	不详	不详	8.2	3斤1两	乙类A型	兽面纹	殷墟一期	《博古图》卷二十				
6	兽面纹瓿	9.6寸	8.3寸	不详	不详	11.1寸	9斤4两	甲类A型	兽面纹	殷墟一期	《博古图》卷七·三十				原著称“罍”，又叹其容量仅为罍的1/5，应归瓿属

续表

序号	名称	通高	口径	底径	腹深	腹径	重量	型式	纹饰	时代	资料来源	出土流传及收藏	图片	铭文	备注
7	兽面纹瓿一	7.8寸	6.4寸	不详	不详	不详	169两	乙类B型	兽面纹	殷墟一期	《西清》卷三十四				
8	兽面纹瓿	6.3寸	7.5寸	不详	不详	不详	115两	乙类A型	兽面纹	殷墟一期	《西清》卷三十四				
9	兽面纹瓿	17.8	17.5	17	不详	不详	2.45	乙类A型	兽面纹	殷墟一期	《夏商周·夏商卷》一七四	上海博物馆藏			
10	兽面纹瓿	20.3	23.6	19.3	不详	不详	3.9	乙类A型	兽面纹	殷墟一期	《夏商周·夏商卷》一七五	上海博物馆藏			
11	兽面纹瓿	16	17.5	17.5	不详	不详	2.53	乙类A型	兽面纹	殷墟一期	《夏商周·夏商卷》一七六	上海博物馆藏			
12	黼纹瓿	17.5	21.4	15.9	不详	不详	1.56	乙类A型	勾连雷纹	殷墟一期	《夏商周·夏商卷》一七七	上海博物馆藏			自上海冶炼厂废铜中拣选
13	黼纹瓿	26.8	22.5	22.4	不详	不详	6.34	乙类B型	勾连雷纹	殷墟一期	《夏商周·夏商卷》一七八	上海博物馆藏			
14	兽面纹瓿	不详	不详	不详	不详	不详	不详	乙类A型	兽面纹	殷墟一期	《综览》瓿2	不详			原著注有“户县”二字

续表

序号	名称	通高	口径	底径	腹深	腹径	重量	型式	纹饰	时代	资料来源	出土流传及收藏	图片	铭文	备注
15	勾连雷纹瓿	18	不详	不详	不详	不详	不详	乙类A型	勾连雷纹	殷墟一期	《综览》瓿3	不详		无	
16	兽面纹瓿	18.7	不详	不详	不详	不详	不详	乙类B型	兽面纹	殷墟一期	《综览》瓿6	泉屋博古馆		无	
17	兽面纹瓿	19	不详	不详	不详	不详	不详	乙类A型	兽面纹	殷墟一期	《综览》瓿7	不详		无	
18	兽面纹瓿	28	不详	不详	不详	不详	不详	乙类A型	兽面纹	殷墟一期	《综览》瓿8	巴黎吉美博物馆藏			
19	勾连雷纹瓿	27.9	不详	不详	不详	不详	不详	乙类B型	勾连雷纹	殷墟一期	《综览》瓿12	泉屋博古馆			
20	勾连雷纹瓿	23.4	不详	不详	不详	不详	不详	乙类B型	勾连雷纹	殷墟一期	《综览》瓿18	日本天理大学天理参考馆			
21	乳钉纹瓿	18.2	不详	不详	不详	不详	不详	乙类B型	乳钉纹	殷墟一期	《综览》瓿19		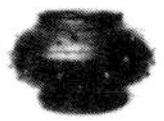		

续表

序号	名称	通高	口径	底径	腹深	腹径	重量	型式	纹饰	时代	资料来源	出土流传及收藏	图片	铭文	备注
22	兽面纹瓿	15.9	不详	不详	不详	不详	不详	乙类B型	兽面纹	殷墟一期	《综览》瓿20	旧金山亚洲艺术博物馆，艾弗里·布伦戴奇收藏			
23	兽面纹瓿	5.4寸	4.7寸	5.1寸	不详	不详	78两	乙类B型	兽面纹	殷墟一期	《武英殿彝器图录》141页				
24	雷纹瓿	5.3寸	5.4寸	5.3寸	不详	不详	60两	乙类B型	雷纹	殷墟一期	《武英殿彝器图录》143页				
25	方斜雷纹瓿	9.2寸	8.3寸	不详	不详	不详	239.9两	乙类B型	雷纹	殷墟一期	《海外吉金图录》图100	住友氏藏			
26	兽面纹瓿	8.1寸	5.7寸	不详	不详	不详	105两	甲类A型	兽面纹	殷墟一期	《海外吉金图录》图102			铭二行七字“迂做父乙宝尊彝”，为后刻	

续表

序号	名称	通高	口径	底径	腹深	腹径	重量	型式	纹饰	时代	资料来源	出土流传及收藏	图片	铭文	备注
27	兽面纹瓿	32	37	19.9	不详	不详	179两	乙类B型	兽面纹，径腹间饰三兽首	殷墟一期	《参加伦敦中国艺术国际展览会出品图说（铜器）》39				原著称“罍”
28	兽面纹瓿	17.6	15.1	16.5	不详	不详	4.79	乙类A型	兽面纹	殷墟一期	《参加伦敦中国艺术国际展览会出品图说（铜器）》43				
29	兽面目雷纹瓿	5.4寸	4.7寸	不详	不详	不详	不详	乙类B型	兽面纹，目雷纹	殷墟一期	《通考》892				
30	勾连雷纹瓿	8.3寸	7.6寸	不详	不详	不详	不详	乙类A型	勾连雷纹	殷墟一期	《通考》894				
31	兽面回雷纹瓿	18.8	不详	不详	不详	不详	不详	乙类B型	兽面纹	殷墟一期	《清赏》图版十九	日本泉屋博古馆藏			
32	足迹瓿	9.8寸	不详	不详	不详	9.6寸	不详	甲类B型	勾连雷纹、牺首	殷墟二期	《考古图》卷五	不详	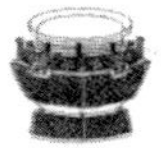		原称足迹罍

续表

序号	名称	通高	口径	底径	腹深	腹径	重量	型式	纹饰	时代	资料来源	出土流传及收藏	图片	铭文	备注
33	三兽兽面甂	9.8寸	6.8寸	不详	不详	12.2寸	15斤	乙类B型	兽面纹、兽首、扉棱	殷墟二期	《博古图》卷七·四一二				原著称“尊”，叹其“形如甂”
34	麟凤百乳甂	22.7寸	15.9寸	17.3寸	不详	23.3寸	138斤	甲类C型	方斜雷纹、扉棱、兽首	殷墟二期	《博古图》卷七·四一八				原著称“罍”
35	麟凤百乳甂	6.8寸	10.8寸	不详	5寸	10.1寸	11.5斤	甲类B型	方斜雷纹、扉棱、兽首	殷墟二期	《古器》卷上·五				
36	兽鼻甂	8.6寸	8寸	不详	不详	不详	211两	乙类B型	牺首、乳钉纹	殷墟二期	《西清》卷三十四				
37	三鹰甂	4.8寸	4.2寸	不详	不详	不详	51两	乙类B型	牺首、羽纹	殷墟二期	《西清》卷三十四				
38	蟠虺甂	5.2寸	5寸	不详	不详	不详	52两	乙类B型	夔纹	殷墟二期	《续鉴甲编》卷一六				
39	云雷甂	5.1寸	5.1寸	不详	不详	不详	70两	乙类B型	云雷纹	殷墟二期	《续鉴甲编》卷一六				

续表

序号	名称	通高	口径	底径	腹深	腹径	重量	型式	纹饰	时代	资料来源	出土流传及收藏	图片	铭文	备注
40	兽面瓿	8.2寸	7寸	不详	不详	不详	211两	乙类B型	兽面纹	殷墟二期	《续鉴乙编》卷十六·一一				
41	乳钉雷纹折腹瓿	24.2	19.7	18.5	不详	28.5	2.75	甲类C型	斜方格乳钉纹	殷墟二期早段	《夏商周·夏商卷》一七三	1994年自香港征集，上海博物馆藏			
42	[illegible]瓿	19.8	19.9	19.6	不详	不详	4.82	乙类B型	勾连雷纹	殷墟二期	《夏商周·夏商卷》一七九，《集成》9945，《图像》13953	上海博物馆藏			腹内底一字铭文
43	四羊首乳钉雷纹瓿	38.8	31.6	29.1	不详	不详	14.4	甲类B型	乳钉纹、牺首	殷墟二期	《夏商周·夏商卷》一八〇	上海博物馆藏			
44	四羊首乳钉雷纹瓿	32.2	30.9	26.1	不详	不详	12.6	乙类A型	乳钉纹、牺首	殷墟二期	《夏商周·夏商卷》一八一	上海博物馆藏			自上海冶炼厂废铜中拣选
45	乳钉纹瓿	22.8	23.1	不详	不详	不详	1.75	乙类B型	乳钉纹、扉棱	殷墟二期	《图录》第123页图2	保利艺术博物馆藏	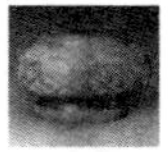		
46	三羊首瓿	52	41.3	不详	不详	不详	不详	甲类B型	乳钉纹、牺首	殷墟二期	《全集》4-97	故宫博物院藏			

续表

序号	名称	通高	口径	底径	腹深	腹径	重量	型式	纹饰	时代	资料来源	出土流传及收藏	图片	铭文	备注
47	乳钉雷纹蛙饰瓿	24.5	不详	不详	不详	不详	不详	甲类C型	乳钉雷纹、兽首	殷墟二期	《全集》4-109	旧金山亚洲艺术博物馆藏			
48	百乳雷纹瓿	13	不详	不详	不详	不详	不详	乙类B型	夔纹、斜方格乳钉纹	殷墟二期	《全集》3-75	法国吉美亚洲艺术博物馆藏	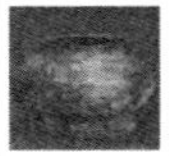		传河南安阳武官村北地出土
49	[illegible]瓿	不详	不详	不详	不详	不详	不详	不详	不详	殷墟二期晚段	《集成》9941，《图像》13957	故宫博物院			器盖同铭，各一字
50	亞矣瓿	不详	不详	不详	不详	不详	不详	乙类B型	夔纹、兽首、扉棱	殷墟二期晚段	《集成》9948《青山庄》11，《日精华》1.5，《图像》13966	日本东京根津美术馆藏，传出土于安阳西北岗大墓		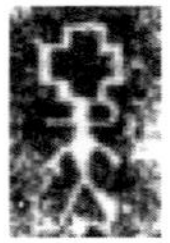	内底铸铭文二字，“亚矣”
51	韦龜瓿	28.5	不详	不详	不详	不详	不详	甲类A型	雷纹	殷墟二期晚段	《集成》9951，《图像》13962，《凝庵》23，《综览》有肩尊14	李泰棻旧藏	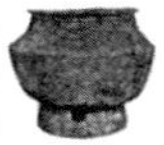	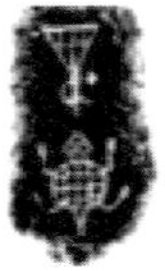	内底铸铭文二字：韦(叔)龜

续表

序号	名称	通高	口径	底径	腹深	腹径	重量	型式	纹饰	时代	资料来源	出土流传及收藏	图片	铭文	备注
52	敹又甗	不详	不详	不详	不详	不详	不详	乙类B型	兽面纹、浮雕牺首	殷墟二期	《集成》9955，《美集录》R500，《图像》13963	法国巴黎赛尔诺什博物馆			内底铸铭文二字：敹又
53	呣父戊甗	20.6	不详	不详	不详	26.7	不详	乙类B型	勾连雷纹	殷墟二期	《集成》9957，《录遗》518，《图像》13972	故宫博物院			内底铸铭文四字：ㄐ毌父戊
54	目果甗	不详	不详	不详	不详	不详	不详	乙类B型	夔纹、兽首、扉棱	殷墟二期	《图像》13965	2001年见于美国纽约苏富比拍卖行			内底铸铭文二字：“目果”
55	亞矣甗	不详	不详	不详	不详	不详	不详	乙类B型	夔纹、兽首、扉棱	殷墟二期	《汇编》1038，《图像》13967	不详			内底铸铭文二字：亞矣(疑)
56	兽面纹甗	57.2	不详	不详	不详	不详	不详	乙类B型	夔纹、兽面纹、扉棱	殷墟二期	2017佳士得春拍	日本藤田美术馆		无	
57	兽面纹甗	20.3	不详	不详	不详	不详	不详	乙类B型	兽面纹	殷墟二期	《综览》甗10	大英博物馆藏			

续表

序号	名称	通高	口径	底径	腹深	腹径	重量	型式	纹饰	时代	资料来源	出土流传及收藏	图片	铭文	备注
58	兽面纹瓿	33	不详	不详	不详	不详	不详	乙类B型	兽面纹	殷墟二期	《综览》瓿21	泉屋博古馆			
59	兽面纹瓿	33.5	不详	不详	不详	不详	不详	乙类B型	兽面纹	殷墟二期	《综览》瓿25				
60	兽面纹瓿	57	不详	不详	不详	不详	不详	乙类A型	兽面纹	殷墟二期	《综览》瓿27	藤井有鄰馆			
61	兽面纹瓿	16.7	不详	不详	不详	不详	不详	乙类B型	兽面纹	殷墟二期	《综览》瓿28	底特律美术馆			
62	兽面纹瓿	14.7	不详	不详	不详	不详	不详	乙类B型	夔纹、兽面纹	殷墟二期	《综览》瓿31	萨塞克斯大学			
63	云雷瓿	6.2寸	5.1寸	5.6寸	不详	不详	112两	丙类	云雷纹，有耳	殷墟二期	《武英殿彝器图录》145页				
64	牺首饕餮纹瓿	8.9寸	8.1寸	不详	不详	不详	195.9两	乙类B型	牺首、扉棱、兽面纹	殷墟二期	《海外吉金图录》图101	住友氏藏			
65	夔龙饕餮纹瓿	12.1寸	7.1寸	不详	不详	不详	193.2两	乙类B型	夔纹、有扉棱	殷墟二期	《海外吉金图录》图99	住友氏藏			

续表

序号	名称	通高	口径	底径	腹深	腹径	重量	型式	纹饰	时代	资料来源	出土流传及收藏	图片	铭文	备注
66	乳钉纹瓿	37	31.3	27	不详	不详	13.8	甲类B型	乳钉雷纹、四兽首	殷墟二期	《参加伦敦中国艺术国际展览会出品图说（铜器）》41				原著称“罍”
67	兽耳回纹瓿	19.5	16.5	18	不详	不详	6.74	丙类	勾连雷纹，有耳	殷墟二期	《参加伦敦中国艺术国际展览会出品图说（铜器）》42	原著录云“旧称云雷瓿”			
68	牺首兽面纹瓿	8.1寸	7.3寸	不详	不详	不详	不详	乙类B型	兽面纹、牺首、扉棱	殷墟二期	《通考》888				
69	牺首兽面纹有盖瓿	16.2寸	不详	不详	不详	不详	不详	乙类B型	兽面纹	殷墟二期	《通考》889				
70	兽面纹有盖瓿	10.8寸	6.4寸	6.4寸	不详	不详	不详	乙类B型	兽面纹、夔龙纹	殷墟二期	《通考》890				
71	斜方格雷乳纹瓿	11.7寸	9.8寸	不详	不详	不详	不详	甲类B型	斜方格雷纹、乳钉纹	殷墟二期	《通考》891				

续表

序号	名称	通高	口径	底径	腹深	腹径	重量	型式	纹饰	时代	资料来源	出土流传及收藏	图片	铭文	备注
72	勾连雷纹瓿	5.3寸	5.4寸	不详	不详	不详	不详	乙类B型	勾连雷纹	殷墟二期	《通考》893				
73	目雷鱼纹瓿	5.6寸	不详	不详	不详	不详	不详	乙类B型	鱼纹	殷墟二期	《通考》895				
74	蛙鱼纹瓿	7.3寸	不详	不详	不详	不详	不详	甲类C型	雷纹、乳钉纹、蛙鱼纹	殷墟二期	《通考》896		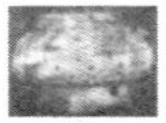		
75	勾连雷纹连耳瓿	6.2寸	5.1寸	不详	不详	不详	不详	丙类	勾连雷纹，有耳	殷墟二期	《通考》901				
76	牺首兽面纹瓿	26.8	不详	不详	不详	不详	不详	乙类B型	兽面纹、牺首、扉棱	殷墟二期	《新修泉屋清赏》图版十六	日本泉屋博古馆藏			
77	夔龙方斜雷纹瓿	27.8	不详	不详	不详	不详	不详	乙类A型	方斜雷纹	殷墟二期	《新修泉屋清赏》图版十七	日本泉屋博古馆藏			
78	虺龙饕餮纹瓿	36.2	不详	不详	不详	不详	不详	乙类B型	夔龙纹、有扉棱	殷墟二期	《新修泉屋清赏》图版二十	日本泉屋博古馆藏			
79	兽面纹瓿	不详	不详	不详	不详	不详	不详	乙类B型	兽面纹	殷墟二期	*Bronzes antiques de la Chine : appartenant à C. T. Loo et cie : PL III*				

续表

序号	名称	通高	口径	底径	腹深	腹径	重量	型式	纹饰	时代	资料来源	出土流传及收藏	图片	铭文	备注
80	夔龙纹瓿	25.3	不详	不详	不详	不详	不详	乙类A型	夔龙纹	殷墟二期	*Chinesische Bronzen aus der Abteilung für Ostasiatische Kunst, 8-9*				
81	鱼瓿	19.3	不详	不详	不详	不详	不详	乙类B型	勾连雷纹、鱼纹	殷墟二期	*Chinesische Bronzen aus der Abteilung für Ostasiatische Kunst, 8-10*				
82	勾连雷纹瓿	20	不详	不详	不详	不详	不详	丙类	勾连雷纹，有耳	殷墟二期	*The Chinese Exhibition: A Commemorative Catalogue of the nternational Exhibition of Chinese Art, Royal Academy of Arts, 26, 39*				

续表

序号	名称	通高	口径	底径	腹深	腹径	重量	型式	纹饰	时代	资料来源	出土流传及收藏	图片	铭文	备注
83	乳钉雷纹瓿	37	不详	不详	不详	不详	不详	乙类B型	斜方格乳钉雷纹	殷墟二期	*The Chinese Exhibition: A Commemorative Catalogue of the nternational Exhibition of Chinese Art, Royal Academy of Arts, 26, 40*				
84	兽面纹瓿	不详	不详	不详	不详	不详	不详	乙类B型	兽面纹	殷墟三期	《通考》897				
85	車瓿	不详	不详	不详	不详	不详	不详			殷墟三期	《集成》9944，《三代》18.19.4，《图像》13956	故宫博物院		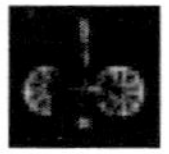	内底铸铭文一字“車”
86	戈瓿	不详	不详	不详	不详	不详	不详	乙类B型	夔龙纹、兽面纹	殷墟三期	《集成》9946汇编9.1535，《图像》13955	美国旧金山亚洲艺术博物馆			内底铸铭文一字“戈”

续表

序号	名称	通高	口径	底径	腹深	腹径	重量	型式	纹饰	时代	资料来源	出土流传及收藏	图片	铭文	备注
87	興瓿	5.2寸	5.1寸	4.7寸	不详	不详	不详	乙类A型	素面	殷墟三期	《集成》9949，凝庵23，《三代》18.19.5，《综览》有肩尊18，《双吉》上22	于省吾旧藏，相传出土于河南安阳			内底铸铭文二字
88	癸冉瓿	不详	不详	不详	不详	不详	不详	不详		殷墟三期	《集成》9954，《图像》13968	故宫博物院藏	无		内底铸铭文二字，“癸冉”
89		不详	不详	不详	不详	不详	不详	乙类B型	兽面纹	殷墟三期	《集成》9956，《三代》18.19.6，冠斝中4，《图像》13971	荣厚旧藏			内底铸铭文三字：
90	亚車丙邑瓿	不详	不详	不详	不详	不详	不详	乙类B型		殷墟三期	《集成》9958，《录遗》210，《图像》13973	中国国家博物馆藏	无		内底铸铭文四字：“亚車丙邑”
91	兽面纹瓿	47	不详	不详	不详	不详	不详	乙类B型	夔纹、兽首、扉棱、兽面纹	殷墟三期	《综览》瓿33	日本出光美术馆			
92	兽面纹瓿	60	不详	不详	不详	不详	不详	乙类B型	夔纹、兽首、兽面纹、扉棱	殷墟三期	《综览》瓿37				

续表

序号	名称	通高	口径	底径	腹深	腹径	重量	型式	纹饰	时代	资料来源	出土流传及收藏	图片	铭文	备注
93	乳钉纹瓿	26	不详	不详	不详	不详	不详	乙类B型	斜方格乳钉纹	殷墟三期	《综览》瓿38	日本宁乐美术馆			
94	兽面纹瓿	59.8	不详	不详	不详	不详	不详	乙类B型	兽面纹、夔纹、兽首、扉棱	殷墟三期	《综览》瓿41				
95	鱼瓿	6.4寸	5.6寸	不详	不详	8.7寸	5斤12两	乙类B型	鱼纹	殷墟三期	《博古图》卷二十				
96	侯瓿	不详	不详	不详	不详	不详	不详	乙类B型	弦纹	殷墟四期	《集成》9943，《三代》18.19.4，《综览》瓿42，《图像》13951，《通考》900	1949年前河南安阳出土	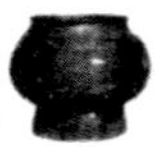		内底铸铭文一字

注：尺寸单位未标注者均为厘米，重量单位未标注者均为千克，已标注单位者为引用原著计量单位。

文献简称目录：《集成》——《殷周金文集成》、《图像》——《商周青铜器铭文暨图像集成》、《三代》——《三代吉金文存》、《综览》——《殷周青铜器综览》、《西清》——《西清古鉴》、《续鉴》甲编——《西清续鉴甲编》、《续鉴》乙编——《西清续鉴乙编》、《夏商周》——《夏商周青铜器研究》、《海外》——《海外吉金图录》、《劫掠》——《美帝国主义劫掠的我国殷周铜器集录》、《全集》——《中国青铜器全集》、《图录》——《中国青铜器图录》、《陕青》——《陕西出土商周青铜器》、《汉青》——《汉中出土商代青铜器》、《河青》——《河南出土商周青铜器》、《城洋》——《城洋青铜器》、《古器》——《古器具名》、《双剑》——《双剑誃吉金图录》、《通考》——《商周彝器通考》、《清赏》——《新修泉屋清赏》、《海外》——《海外吉金图录》

参考文献

一、历史文献

［1］（春秋）左丘明. 左传［M］. 上海：上海古籍出版社，1997.
［2］（春秋）国语.［M］. 济南：齐鲁书社，2005.
［3］（西汉）司马迁. 史记［M］. 北京：中华书局，1982.
［4］（东汉）许慎撰，（宋）徐铉校定. 说文［M］. 北京：中华书局，2004.
［5］（东汉）战国策［M］. 北京：商务印书馆，1958.
［6］（南朝·宋）范晔. 后汉书［M］. 北京：中华书局，1997.
［7］（清）阮元校刻. 十三经注疏［M］. 北京：中华书局，1980.
［8］（清）林昌彝. 三礼通释［M］. 海口：海南出版社，2000.
［9］（清）姜绍书. 韵石斋笔谈［M］. 北京：中华书局，1985.
［10］（清）魏翼龙. 春秋滕薛杞越莒邾许七国统表［M］. 清道光十三年萧山存问堂刻本.
［11］屈守元. 韩诗外传笺疏［M］. 成都：巴蜀书社，1996.

二、铜器著录

［1］（宋）吕大临. 考古图［M］. 清乾隆四十六年四库全书文渊阁书录钱曾影钞宋刻本影印.
［2］（宋）吕大临，赵九成. 续考古图［M］. 清乾隆四十六年四库全书文渊阁书录钱曾影钞宋刻本影印.
［3］（宋）王黼. 博古图［M］. 清乾隆十八年天都黄晟亦政堂修补明万历二十八年吴万化宝古堂刻本影印.
［4］（宋）董逌. 广川书跋［M］. 南浔张氏适园丛书本，1915.
［5］（宋）张抡. 绍兴内府古器评［M］. 明崇祯年间毛晋汲古阁刻本.
［6］（清）薛尚功. 历代钟鼎彝器款识法帖［M］. 北京：中华书局影印本，1986.
［7］（明）胡文焕. 古器具名［M］. 明万历自刻本.
［8］（清）梁诗正. 西清古鉴［M］. 乾隆十四年敕编，光绪十四年辽宋书馆铜版

影印本.
[9] （清）王杰. 西清续鉴甲编［M］. 乾隆五十八年敕编，宣统三年涵芬楼石印宁寿宫写本影印本.
[10] （清）王杰. 宁寿鉴古［M］. 涵芬楼依宁寿宫写本石印本，1913.
[11] （清）曹载奎. 怀米山房吉金图［M］. 道光十九年自刻本.
[12] （清）吴云. 二百兰亭斋收藏金石记［M］. 清咸丰六年吴让之写刻本.
[13] （清）端方. 陶斋吉金录［M］. 清光绪三十四年石印本.
[14] （清）端方. 陶斋吉金续录［M］. 清宣统元年石印本.
[15] （清）倪涛. 六艺之一录［M］. 清乾隆四十六年四库全书文渊阁本.
[16] （清）陈庆镛. 齐侯罍铭文通释［M］. 清道光二十六年一镫书舍木刻本.
[17] （清）孙诒让. 古籀拾遗［M］. 清光绪十六年自刻本.
[18] （清）吴荣光. 筠清馆金文［M］. 宜都杨氏重刻本.
[19] （清）刘心源. 古文審［M］. 清光绪十七年自写刻本.
[20] （清）张廷济. 清仪阁金石题识［M］. 清光绪二十年观自得斋校刊本.
[21] （清）吴式芬. 攈古录金文［M］. 光绪二十一年吴氏家刻本.
[22] （清）刘心源. 奇觚室吉金文述［M］. 光绪二十八年石印本.
[23] （清）盛昱. 鬱华阁金文［M］. 上海：有正书局，1905.
[24] （清）吴士鑑. 九鐘精舍金石跋尾［M］. 清宣统二年自刻本.
[25] （清）邹安. 周金文存［M］. 上海：仓圣明智大学刊本，1916.
[26] （清）吴大澂. 愙斋集古录 · 二十六卷［M］. 涵芬楼影印本，1918.
[27] （清）陈介祺. 簠斋吉金录［M］. 风雨楼影印本，1918.
[28] 靳云鹗. 新郑出土古器图志初稿［M］. 1923年影印本.
[29] （清）周庆云，邹寿祺. 梦坡室获古丛编［M］. 1927年石印本.
[30] 关百益. 郑冢古器图考［M］. 北京：中华书局影印本，1928.
[31] 孙诒让. 古籀余论［M］. 燕京大学哈佛燕京学社石印容庚校补本，1929.
[32] 罗振玉. 贞松堂集古遗文补遗［M］. 宝熙书耑石印本，1931.
[33] 罗振玉. 辽居乙稿［M］. 1931年石印本.
[34] 孙壮编次. 澂秋馆吉金图［M］. 北平商务印书馆分馆石印本，1931.
[35] 鲍鼎. 愙斋集古录校勘记［M］. 1932年石印本.
[36] 罗振玉. 贞松堂集古遗文续编［M］. 隐楼石印本，1934.
[37] 刘节. 楚器图释［M］. 北京图书馆考古专集（第二种），1935.
[38] 方濬益. 缀遗斋彝器考释［M］. 涵芬楼石印本，1935.
[39] 容庚. 海外吉金图录［M］. 考古学社专集第三种影印本，1935.
[40] 商承祚. 十二家吉金图录［M］. 哈佛燕京学社影印本，1935.
[41] 柯昌济. 韡华阁集古录跋尾［M］. 1935年铅印本.

[42] 容庚. 善斋彝器图录［M］. 哈佛燕京学社影印本，1936.
[43] 孙海波. 新郑彝器［M］. 考古学社专刊第十九种影印本，1937.
[44] 容庚. 商周彝器通考（上册）［M］. 燕京书社，1941.
[45] 山东省文物管理处，山东省博物馆. 山东文物选集（普查部分）［M］. 北京：文物出版社，1959.
[46] 中国科学院考古研究所. 美帝国主义劫掠的我国殷周铜器集录［M］. 北京：科学出版社，1962.
[47] 〔日〕梅原末治. 日本蒐储支那古铜精华［M］. 山中商会，1962.
[48] 陕西省考古研究所等. 陕西出土商周青铜器［M］. 北京：文物出版社，1979.
[49] 《河南出土商周青铜器》编辑组. 河南出土商周青铜器［M］. 北京：文物出版社，1981.
[50] 罗振玉. 三代吉金文存［M］. 北京：中华书局，1983.
[51] 中国社会科学院考古研究所. 殷周金文集成［M］. 北京：中华书局，1984.
[52] 〔日〕林巳奈夫. 殷周青铜器综览［M］. 东京：吉川弘文馆，1984.
[53] 北京图书馆金石组. 北京图书馆藏青铜器铭文拓本选编［M］. 北京：文物出版社，1985.
[54] 吴镇烽. 陕西金文汇编［M］. 西安：三秦出版社，1989.
[55] 四川省博物馆. 巴蜀青铜器［M］. 成都：成都出版社，1993.
[56] 江西省博物馆，上海博物馆. 江西新淦出土青铜艺术［M］. 香港：香港两木出版社，1994.
[57] 李学勤，艾兰. 欧洲所藏中国青铜器遗珠［M］. 北京：文物出版社，1995.
[58] 国家文物局. 中国文物精华大辞典·青铜卷［M］. 上海：上海辞书出版社、商务印书馆联合出版，1995.
[59] 《中国青铜器全集》编辑委员会. 中国青铜器全集［M］. 北京：文物出版社，1996～1998.
[60] “故宫博物院”编辑委员会. “故宫”商代青铜礼器图录［M］. 台北：“故宫博物院”，1998.
[61] 陈佩芬. 夏商周青铜器研究［M］. 上海：上海古籍出版社，2004.
[62] 谭维四. 湖北出土文物精华［M］. 武汉：湖北教育出版社，2000.
[63] 李建伟，牛瑞红. 中国青铜器图录［M］. 北京：中国商业出版社，2000.
[64] 河南博物院，台北“历史博物馆”. 新郑郑公大墓青铜器［M］. 郑州大象出版社，2001.
[65] 《保利藏金》编辑委员会. 保利藏金［M］. 广州：岭南美术出版社，2001.
[66] 吴镇烽. 中国青铜器［M］. 武汉：湖北美术出版社，2001.
[67] 中国社会科学院考古研究所. 殷周金文集成释文［M］. 香港：香港中文大学

中国文化研究所，2001.
［68］ 刘雨，卢岩. 近出殷周金文集录［M］. 北京：中华书局，2002.
［69］ 邵学海. 长江流域古代美术（青铜器卷）［M］. 武汉：湖北教育出版社，2002.
［70］ 《北京文物精粹大系》编委会等. 北京文物精粹大系（青铜器卷）［M］. 北京：北京出版社，2002.
［71］ 罗振玉. 贞松堂集古遗文［M］. 北京：北京图书馆出版社，2003.
［72］ 王国维，罗福颐. 清代金文著录表［M］. 北京：北京图书馆出版社， 2003.
［73］ 安阳市文物管理局. 安阳文物精华［M］. 北京：文物出版社，2004.
［74］ 旅顺博物馆. 旅顺博物馆［M］. 北京：文物出版社，2004.
［75］ 曹玮. 周原出土青铜器［M］. 成都：巴蜀书社，2005.
［76］ 湖北省博物馆. 湖北出土文物精粹［M］. 北京：文物出版社，2006.
［77］ 钟柏生，陈昭容，黄铭崇，袁国华. 新收殷周青铜器铭文暨器影汇编［M］. 台北：台北艺文印书馆，2006.
［78］ 冀东山，梁彦民. 神韵与辉煌（青铜器卷）［M］. 西安：三秦出版社，2006.
［79］ 安徽大学等. 皖南商周青铜器［M］. 北京：文物出版社，2006.
［80］ 山东省博物馆. 山东金文集成［M］. 济南：齐鲁书社，2007.
［81］ 于省吾. 商周金文录遗［M］. 北京：中华书局，2009.
［82］ 吴镇烽. 商周青铜器铭文暨图像集成［M］. 上海：上海古籍出版社，2012.

三、专　　著

［1］ 郭宝钧. 商周铜器群综合研究［M］. 北京：文物出版社. 1981.
［2］ 容庚，张维持. 殷周青铜器通论［M］. 北京：文物出版社，1984.
［3］ 李学勤. 东周与秦代文明［M］. 北京：文物出版社. 1984.
［4］ 湖南省博物馆. 湖南博物馆文集［M］. 长沙：岳麓书社. 1991.
［5］ 王迅. 东夷文化与淮夷文化研究［M］. 北京：北京大学出版社，1994.
［6］ 刘彬徽. 楚系青铜器研究［M］. 武汉：湖北教育出版社，1995.
［7］ 李先登. 夏商周青铜文明探研［M］. 北京：科学出版社，2001
［8］ 中国社会科学院考古研究所. 中国考古学 · 夏商卷、两周卷［M］. 北京：中国社会科学出版社，2003.
［9］ 孙华. 四川盆地的青铜时代［M］. 北京：科学出版社，2001.
［10］ 张懋镕. 古文字与青铜器论集（第一集）［M］. 北京：科学出版社，2002.
［11］ 李海荣. 北方地区出土夏商周时期青铜器研究［M］. 北京：文物出版社，2003.

[12] 苏兆庆. 古莒遗珍［M］. 北京：人民美术出版社，2003.
[13] 彭裕商. 西周青铜器年代综合研究［M］. 成都：巴蜀书社，2003.
[14] 施劲松. 长江流域青铜器研究［M］. 北京：文物出版社，2003.
[15] 马承源. 中国青铜器［M］. 上海：古籍出版社，2003.
[16] 陈梦家. 西周铜器断代［M］. 北京：中华书局，2004.
[17] 曹玮. 周原遗址与西周铜器研究［M］北京：科学出版社，2004.
[18] 肖梦龙，刘伟. 吴国青铜器综合研究［M］. 北京：科学出版社，2004.
[19] 岳洪彬. 殷墟青铜礼器研究［M］. 北京：中国社会科学出版社，2006.
[20] 周宝宏. 近出西周金文集释［M］. 天津：天津古籍出版社，2006.
[21] 李济. 李济文集［M］. 上海：上海人民出版社，2006.
[22] 朱凤瀚. 中国青铜器综论［M］. 上海：上海古籍出版社，2009.
[23] 于省吾. 甲骨文字释林［M］. 北京：中华书局，2009.
[24] 曹玮. 陕北出土青铜器［M］. 成都：巴蜀书社，2009.
[25] 曹玮. 汉中出土商代青铜器［M］. 成都：巴蜀书社，2006.
[26] 赵丛苍. 城洋青铜器［M］. 北京：科学出版社，2006.

四、考古报告

[1] 中国科学院考古研究所. 洛阳中州路［M］. 北京：科学出版社，1959.
[2] 梁思永，高去寻：《侯家庄第二本·1001号大墓》［M］. 台北：（台湾）历史语言研究所，1962.
[3] “中央研究院”历史语言研究所小屯第一本. 遗址的发现与发掘·丙编·殷墟墓葬之一·北组墓葬·上［M］. 台北：“中央研究院”历史语言研究所出版，1970.
[4] 中国社会科学院考古研究所. 殷墟妇好墓［M］. 北京：文物出版社，1980.
[5] 河北省文物研究所. 藁城台西商代遗址［M］. 北京：文物出版社，1985.
[6] 江西省文物考古研究所. 新干商代大墓［M］. 北京：文物出版社，1997.
[7] 中国社会科学院考古研究所. 安阳殷墟郭家庄商代墓葬［J］. 北京：中国大百科全书出版社，1998.
[8] 洛阳市文物工作队. 洛阳北窑西周墓［M］. 北京：文物出版社，1999.
[9] 北京大学考古系商周组、山西省文物考古研究所，邹衡主编. 天马—曲村［M］. 北京：科学出版社，2000.
[10] 河南省文物考古研究所. 郑州商城［M］. 北京：文物出版社，2001.
[11] 河南博物院，台北“历史博物馆”. 新郑郑公大墓青铜器［M］. 郑州：大象出

版社，2001.
［12］ 湖北省文物考古研究所. 盘龙城——一九六三年——九九年考古发掘报告［J］. 北京：文物出版社，2001.
［13］ 西北大学文博学院. 城固宝山——1998年发掘报告［M］. 北京：文物出版社，2002.
［14］ 西北大学文博学院，陕西省文物局. 城洋青铜器［M］. 北京：科学出版社，2006.
［15］ 山西省考古研究所. 灵石旌介商墓［M］. 北京：科学出版社，2006.

五、发掘简报

［1］ 河南郑县发现的古代铜器［J］. 文物参考资料，1954（3）.
［2］ 安志敏. 郑州市人民公园附近的殷代遗存［J］. 文物参考资料，1954（6）.
［3］ 河南文物工作队第一队. 郑州市白家庄商代墓葬发掘报告［J］. 文物参考资料，1955（10）.
［4］ 河南文物工作队第一队. 郑州市白家庄商代墓葬发掘简报［J］文物参考资料，1955，10（10）.
［5］ 陕西省文物管理委员会. 长安普渡村西周墓的发掘［J］. 考古学报，1957（1）.
［6］ 河南省文化局文物工作队. 1958年春河南安阳市大司空村殷代墓葬发掘简报［J］. 考古通讯，1958（10）.
［7］ 湖南省博物馆. 长沙楚墓［J］. 考古学报，1959（1）.
［8］ 杨绍禹. 石楼县发现古代铜器［J］. 文物，1959（3）.
［9］ 谢青山、杨绍舜. 山西吕梁县石楼镇又发现铜器［J］. 文物，1960（7）.
［10］ 郭勇. 石楼后兰家沟发现商代青铜器简报［J］. 文物，1962（4、5）.
［11］ 河北省文化局文物工作队. 河北易县燕下都第十六号墓发掘［J］. 考古学报，1965（2）.
［12］ 葛治功. 安徽嘉山县泊岗引河出土的四件商代铜器［J］. 文物，1965（7）.
［13］ 沈振中. 忻县连寺沟出土的青铜器［J］. 文物，1972（4）.
［14］ 吴振录. 保德新发现的殷代青铜器［J］. 文物，1972（4）.
［15］ 河北省博物馆. 河北藁城县商代遗址和墓葬的调查［J］. 考古，1973（1）.
［16］ 辽宁省博物馆，朝阳地区博物馆. 辽宁喀左县北洞村发现殷代青铜器［J］. 考古，1973（4）.
［17］ 北洞文物发掘小组. 辽宁喀左县北洞村出土的殷周青铜器［J］. 考古，1974（6）.
［18］ 黑光，朱捷元. 陕西绥德墕头村发现一批窖藏商代铜器［J］. 文物，1975（2）.

[19] 陕西省博物馆. 陕西岐山贺家村西周墓葬［J］. 考古，1976（1）.
[20] 吴晓松，董子儒. 湖北省黄州市下窑嘴商墓发掘简报［J］. 文物，1993（06）.
[21] 北京市文物管理处. 北京市平谷县发现商代墓葬［J］. 文物，1977（11）.
[22] 中国社会科学院考古研究所安阳工作队. 安阳武官村北的一座殷墓［J］. 考古，1979（3）.
[23] 河南省博物馆，灵宝县文化馆. 河南灵宝出土一批商代青铜器［J］. 考古，1979（1）.
[24] 孟新安. 河南郾城县志总编室. 郾城县出土一批商代青铜器［J］. 考古，1987（8）.
[25] 河南省文物研究所，郑州市博物馆. 郑州新发现商代窖藏青铜器［J］. 文物，1983（3）.
[26] 中国社会科学院考古研究所安阳工作队. 安阳大司空村东南的一座殷墓［J］. 考古，1988（10）.
[27] 绥德县博物馆. 陕西绥德发现和收藏的商代青铜器［C］//考古学集刊（第2集）. 北京：中国社会科学出版社. 1982.
[28] 喀左县文化馆，朝阳地区博物馆，辽宁省博物馆. 辽宁喀左县山湾子出土于殷周青铜器［J］. 文物，1977（12）.
[29] 河南省博物馆，灵宝县文化馆. 河南灵宝出土一批商代青铜器［J］. 考古，1979（1）.
[30] 河北省文物管理处台西考古队. 河北藁城台西商代遗址发掘简报［J］. 文物，1979（6）.
[31] 中国社会科学院考古研究所安阳工作队. 安阳小屯村北的两座殷代墓［J］. 考古学报. 1981（4）.
[32] 河南省文物研究所，郑州市博物馆. 郑州新发现商代窖藏青铜器［J］. 文物，1983（3）.
[33] 中国社会科学院考古研究所洛阳唐城队. 1983年洛阳西工区墓葬发掘简报［J］. 考古，1985（6）.
[34] 孟新安. 郾城县出土一批商代青铜器［J］. 考古，1987（8）.
[35] 彭锦华. 沙市近郊出土的商代大型铜尊［J］. 江汉考古，1987（4）.
[36] 四川省文物管理委员会. 广汉三星堆遗址二号祭祀坑发掘简报［J］. 文物，1989（5）.
[37] 安阳市文物工作队. 殷墟戚家庄东269号墓［J］. 考古学报，1991（3）.
[38] 安阳市文物工作队. 河南安阳郭庄村北发现一座殷墓［J］. 考古，1991（10）.
[39] 江西省文物考古研究所，江西省新干县博物馆. 江西新干大洋洲商墓发掘简报［J］. 文物，1991（10）.
[40] 赵炳焕，白秉乾. 河南省新郑县新发现的商代铜器和玉器［J］. 中原文物，1992（1）.

［41］ 卫斯. 平陆县前庄商代遗址出土文物［J］. 文物季刊，1992（1）.
［42］ 姬乃军. 陕西延川出土一批商代青铜器［J］. 考古与文物，1992（4）.
［43］ 中国社会科学院考古研究所安阳工作队. 1980年河南安阳大司空村M539发掘简报［J］. 考古，1992（6）.
［44］ 中国社会科学院考古所安阳工作队. 安阳殷墟刘家庄北1046号墓［C］//考古学集刊（第15集）. 北京：文物出版社，2004.
［45］ 余丛新. 湖北安陆发现商代青铜器［J］. 考古，1994（1）.
［46］ 辽宁省文物考古研究所. 辽宁喀左县高家洞商周墓［J］. 考古，1998（4）.
［47］ 郭勇. 山西长子县北郊发现商代青铜器［C］//文物资料丛刊3. 北京：文物出版社，1980.
［48］ 中国社会科学院考古研究所安阳工作队. 河南安阳市郭家庄东南26号墓［J］. 考古，1998（10）.
［49］ 扶风县博物馆. 陕西扶风县新发现一批商周青铜器［J］. 考古与文物，2007（3）.
［50］ 中国社会科学院考古研究所安阳工作队. 殷墟大司空M303发掘报告［J］. 考古学报，2008（3）.
［51］ 安阳市文物考古研究所. 河南安阳市殷墟郭家庄东南五号商代墓葬［J］. 考古，2008（8）.

六、研究论文

［1］ 李济. 记小屯出土之青铜器［J］. 中国考古学报第三册. 1948.
［2］ 唐兰. 郑县出土的铜器群［J］. 文物，1954（5）.
［3］ 齐文涛. 概述近年来山东出土的商周青铜器［J］. 文物，1972（5）.
［4］ 邹衡. 试论夏文化［C］//夏商周考古学论文集. 北京：文物出版社，1980.
［5］ 邹衡. 试论殷墟文化分期［C］//夏商周考古学论文集. 北京：文物出版社，1980.
［6］ 李学勤. 论汉淮间的青铜器［J］. 文物，1980（1）.
［7］ 杨锡璋. 安阳殷墟西北冈大墓的分期及有关问题［J］. 中原文物，1981（3）.
［8］ 李经汉. 郑州二里冈期商文化的来源及相关问题的讨论［J］中原文物，1983（3）.
［9］ 高煦. 略论二里冈期商文化的分期和商城年代——兼谈其与二里头文化的关系［J］中原文物，1985.
［10］ 杨锡璋，杨宝成：殷墟青铜器礼器的分期与组合［C］//殷墟青铜器. 北京：文物出版社，1985.
［11］ 李学勤，唐云明. 藁城台西青铜器的分析［J］. 中原文物，1986（1）.

［12］ 李伯谦.从灵石旌介商墓的发现看晋陕高原青铜文化的归属［J］.北京大学学报，1988（2）.
［13］ 安金槐.对郑州商代二里冈期青铜容器分期问题的初步探讨［J］.中原文物，1992（3）.
［14］ 安金槐.关于郑州商代二里冈期陶器分期问题的再探讨［J］.华夏考古，1988（4）.
［15］ 李学勤.非中原地区青铜器研究的几个问题［J］.东南文化，1988（5）.
［16］ 陈芳妹.商周青铜酒器［J］.故宫文物月刊，1988（11）.
［17］ 安金槐.对郑州商代二里冈期青铜容器分期问题的初步探讨［J］.中原文物，1992（3）.
［18］ 张懋镕.周人不用日名说［J］.历史研究，1993（5）.
［19］ 刘一曼.安阳殷墓青铜礼器组合的几个问题［J］.考古学报，1995（4）.
［20］ 张懋镕.周人不用族徽说［J］.考古，1995（9）.
［21］ 杨文胜.新郑李家楼大墓出土青铜器研究［J］.华夏考古，2001（3）.
［22］ 李学勤.皿方罍研究［J］.文博2001（5）.
［23］ 张昌平.商代铜瓿概论［C］//长江流域青铜文化研究.北京：北京科学出版社，2002.
［24］ 杨宝成.殷墟文化研究［M］.武汉：武汉大学出版社，2002
［25］ 杨文胜.郏县太仆乡出土青铜器研究［J］.考古与文物，2002（5）.
［26］ 李学勤.夏商周与山东［C］//中国古代文明研究.上海：华东师范大学出版社，2005.
［27］ 张昌平.论殷墟时期南方的尊和罍［C］//考古学集刊（第15集）.北京：文物出版社，2004.
［28］ 李济.殷墟出土五十三件青铜容器之研究：殷墟发掘出土五十三件青铜容器的形制和文饰之简述及概论［C］// 李济文集.上海：上海人民出版社，2006.
［29］ 张懋镕.试论中国古代青铜器器类之间的关系［G］//古文字与青铜器论集（第二辑）［M］.北京：科学出版社，2006.
［30］ 张懋镕.关于青铜器定名的几点思考——从伯湄父簋的定名谈起［J］.文博，2008（5）.
［31］ 石璋如.殷墟最近之重要发现附论小屯地层［J］.中国考古学报（第二册）.1949（4）.
［32］ 毕经纬.红卫村青铜器与殷人“持其祭乐器奔周”［J］.文博，2009（1）.
［33］ 马今洪.试论青铜瓿［J］.上海博物馆集刊，2000（0）.

七、学位论文

［1］　张小丽. 出土商周青铜尊研究［D］. 西安：西北大学硕士学位论文，2004.
［2］　朱光华. 早商青铜器分期与区域类型研究［D］. 郑州大学博士学位论文，2005.
［3］　曹艳芳. 山东出土商代青铜器研究［D］. 山东大学博士学位论文，2006.
［4］　毕经纬. 山东出土东周青铜礼容器研究［D］. 陕西师范大学硕士学位论文，2009.
［5］　王宏. 商周青铜罍研究［D］陕西师范大学硕士学位论文，2010.
［6］　宋泽群. 商文化东渐研究［D］郑州大学硕士学位论文，2010.

八、电子文献

吴镇烽. 商周金文资料通鉴［G/CD］. 2007.

九、工　具　书

［1］　孙稚雏. 金文著录简目［M］. 北京：中华书局，1981.
［2］　孙稚雏. 青铜器论文索引［M］. 北京：中华书局，1986.
［3］　张亚初. 殷周金文集成引得［M］. 北京：中华书局，2001.
［4］　张懋镕，张仲立. 青铜器论文索引（全三册）［M］. 香港：香港明石馆出版社，2005.
［5］　吴镇烽. 金文人名汇编［M］. 北京：中华书局，2006.

十、外文资料

［1］　Bronzes antiques de la Chine： appartenant à C. T. Loo et cie.
［2］　Chinesische Bronzen aus der Abteilung für Ostasiatische Kunst.
［3］　The Chinese Exhibition： A Commemorative Catalogue of the International Exhibition of Chinese Art， Royal Academy of Arts.